KB266375

# 기묘한 세계사의 미스터리

## 의도적으로 지워진 사건들, 설명이 금지된 세계사의 진실

기묘한 밤 지음

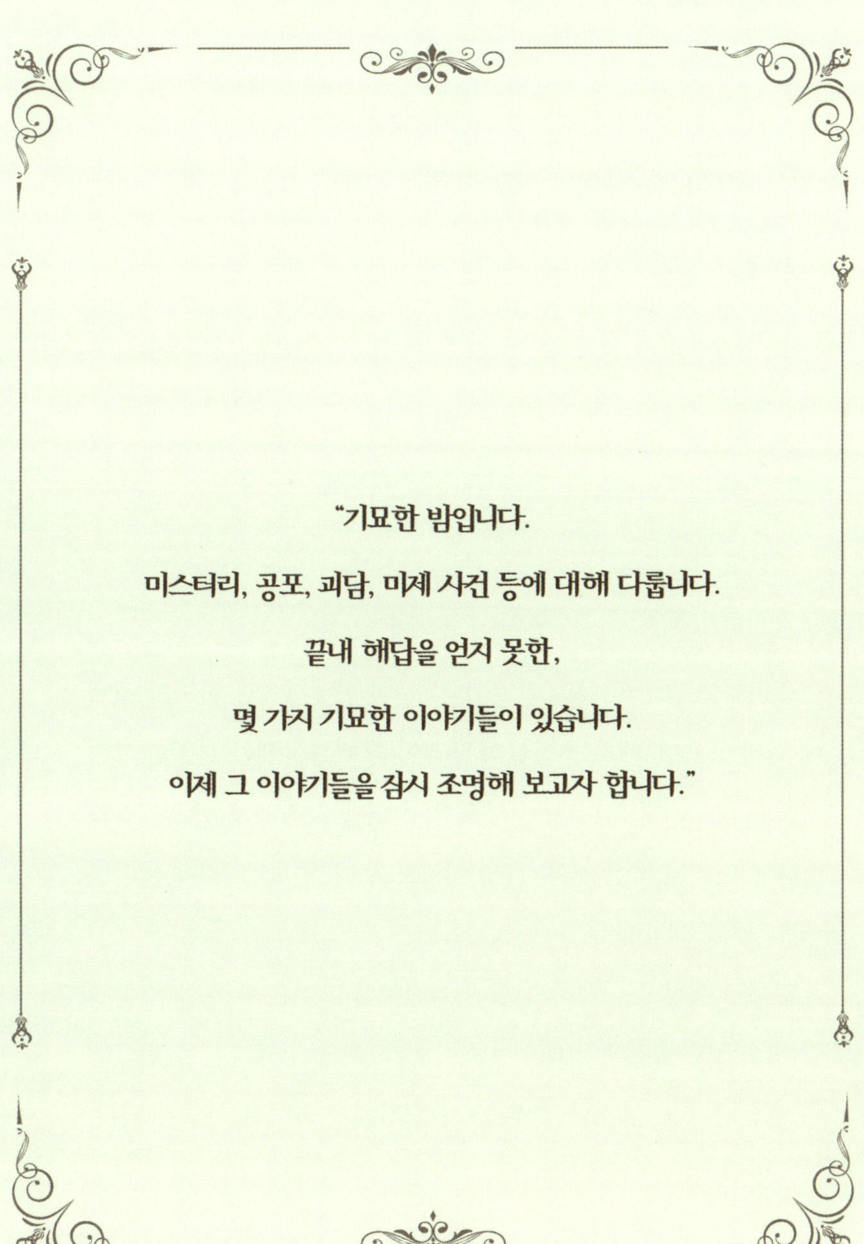

"기묘한 밤입니다.

미스터리, 공포, 괴담, 미제 사건 등에 대해 다룹니다.

끝내 해답을 얻지 못한,

몇 가지 기묘한 이야기들이 있습니다.

이제 그 이야기들을 잠시 조명해 보고자 합니다."

# 역사의 틈에서 발견한 미지의 이야기들

미스터리는 참 매력적인 장르입니다. 역사적 사실과 허구의 경계에 걸쳐 있으며, 때로는 전설의 배경이 되고 드물게는 실존의 그림자를 드리우기도 합니다. 기록된 역사 위에 얹힌 작은 균열, 그 틈으로 스며드는 낯선 이야기들이야말로 우리가 미스터리에 끌리는 이유일지도 모릅니다.

인류가 세상을 이해하기 훨씬 이전부터 그것은 줄곧 존재해 왔습니다. 잊힌 유적과 고대의 설화, 과학으로 규명되지 못한 현상들까지 말입니다. 설명할 수 없는 사실 자체가 하나의 서사가 되어,

시대를 건너며 새로운 의미를 덧입혀 왔습니다. 그 역사는 수천, 수만 년을 거슬러 올라가며 인류의 근간을 지탱하는 하나의 은밀한 뿌리가 되었습니다.

오래전부터 우리가 경외를 품어 온 것은 언제나 '미지'에 대한 이야기였습니다. 신화가 그렇고, 미신이 그렇고, 오늘날의 미스터리 역시 그 계보 위에 서 있습니다. 우리는 이해하기 위해 이야기를 만들고, 동시에 이해할 수 없기에 이야기를 남겨 둡니다. 그 모순 속에서 미스터리는 더욱 깊어집니다.

미스터리가 단순한 이야기를 넘어 현실과 맞닿을 때, 그것은 비로소 생명력을 얻습니다. 사람의 입에서 입으로 전해지고, 각 시대의 두려움과 꿈을 담아 몸집을 불려 갑니다. 그렇게 수많은 세월을 견디며 결국 지금의 우리 앞에까지 도달해, 여전히 생생한 숨을 전하고 있습니다.

'기묘한 밤'을 처음 개설할 때만 해도, 이 장르는 분명한 한계를 가질 수밖에 없다고 생각했습니다. 그러나 그것은 큰 오산이었습니다. 채널이 6년 차에 접어든 지금, 업로드된 영상은 1천 편에 가까워졌지만 세계의 미스터리는 아직 반의반도 채 꺼내지 못했기 때문입니다.

하나의 이야기를 파고들수록 또 다른 이야기들이 꼬리를 물고 이어졌고, 끝이라고 생각했던 지점은 언제나 새로운 출발점이 되었습니다. 그것은 마치 바다와 같습니다. 겉으로 보기에도 무궁무진 하지만, 그 속으로 들어가 보면 진짜 세계는 훨씬 더 넓고 아득하다는 사실을 깨닫게 됩니다.

어느덧 구독자 수가 110만 명을 넘어섰고 지금도 꾸준히 늘어나고 있습니다. 이 사실은 사람들의 마음속에도 그 미지의 불씨가 여전히 꺼지지 않고 남아 있다는 의미이기도 합니다.

누군가는 단순한 호기심으로, 또 누군가는 설명할 수 없는 세계에 대한 두려움과 경외로 이 이야기에 귀를 기울입니다. 세대와 언어를 넘어 이어져 온 미스터리는 오늘날에도, 그리고 앞으로도 새로운 이야기와 놀라움을 끊임없이 만들어 낼 것입니다.

예로부터 사람들은 늘 '답'을 찾아 헤맸습니다. 알 수 없던 이야기들, 설명되지 않던 현상들, 그리고 역사 속에 남은 흔적들 속에서 우리는 언제나 진실의 조각을 찾길 갈망해 왔습니다.

그럼에도 끝내 해답을 얻지 못한 몇 가지 기묘한 이야기들이 있습니다. 이제 그 이야기들을 잠시 조명해 보고자 합니다. 어쩌면 영원한 궁금증으로만 남을지도 모르지만, 그렇기에 더욱 매력적인 이야기들을 말입니다.

**2026년 4월**

**기묘한 밤**

# 목차


들어가며_역사의 틈에서 발견한 미지의 이야기들    06

## 1장  조선의 역사, 그 뒤에 숨은 의문들

수백 년 왕조를 뒤흔든 천년의 예언    16

조선 최초의 금서를 둘러싼 미스터리    28

영웅 이순신의 전사는 위장된 결말인가    39

조선 영웅 도사의 수상한 부활    53

일본으로 건너가 왕이 된 홍길동    64

## 2장  전쟁은 끝났지만 미스터리는 남았다


수천 년 청동기 시대를 파괴한 미스터리　　　78

제2차 세계대전의 기묘한 전우　　　90

알렉산더 대왕, 하늘의 불꽃을 보다　　　99

대제국의 그림자, 사라진 5만 군대　　　108

고대 유럽 톨렌스 계곡의 참혹한 비밀　　　119


## 3장  역사를 뒤흔든 기묘한 인물들


바다를 지배한 해적왕의 기묘한 최후　　　130

식인 부족에게 흡수된 미스터리　　　139

창공의 여왕, 흔적도 없이 사라지다　　　147

바위에 잠든 전설의 왕, 그는 허구인가　　　156

쿠마온의 괴수, 마침내 적수를 만나다　　　164

## 4장  기독교 전설의 숨겨진 수수께끼


3미터 육손 거인 장수의 비밀　　176

대홍수 사건은 신화인가 역사인가　　185

롱기누스 성창의 비밀과 권능　　194

바다를 가른 기적은 과학이었다　　204

성물 토리노 수의, 진실은 무엇인가　　214


## 5장  신화가 된 역사 속 미스터리


피라미드를 넘어선 라르스 포르세나 무덤　　226

아서왕 전설 속 왕국의 충격적 실체　　236

아즈텍 제국의 잃어버린 보물 미스터리　　246

신라 왕실이 감춘 끔찍한 인신공양 설화　　255

토로이 목마, 신화에서 역사로　　264

# 6장  세상을 놀라게 한 기묘한 신비


명나라 북경 대폭발의 기묘한 미스터리　　　　276

19세기 영국을 공포로 물들인 악마의 발자국　　　284

수천 년간 일본에서 목격된 정체불명의 괴뱀　　　291

개 인간은 과연 미지의 인류종이었나　　　300

1902년 프랑스 파리, 시간 정지 미스터리　　　308

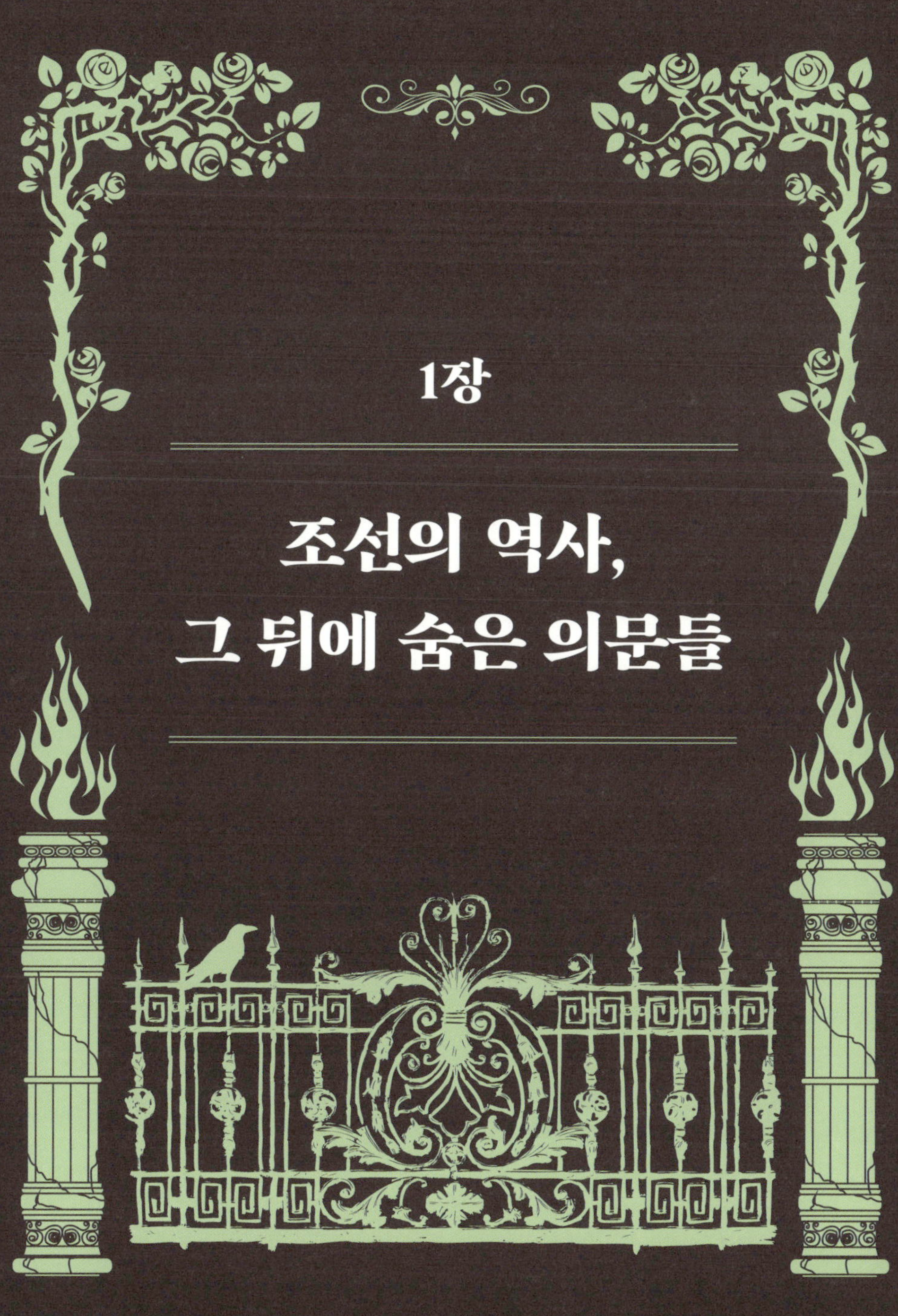

# 1장

# 조선의 역사,
# 그 뒤에 숨은 의문들

# 수백 년 왕조를 뒤흔든 천년의 예언

금서가 된 도선비기 미스터리

## 왕조의 운명을 뒤흔든 금서

1469년 조선, 제9대 국왕 성종은 즉위와 동시에 전국 관찰사(觀察使)에게 특명을 내립니다. 하나의 책을 사사로이 보관하지 못하도록 철저히 압수해 한양으로 올려 보내라는 지시였죠.

그뿐만 아니라 조선 왕조 500년 내내 왕들은 하나같이 이 책을 집요하게 추적하고 또 금지했습니다. 심지어 이 책과 비슷한 내용을 담고 있다는 이유만으로 수많은 예언서와 비결(祕訣)이 함께 탄압받았지요.

　도대체 어떤 내용을 담고 있기에 조선의 왕들은 이 책을 두고 단순히 '불온서적'을 넘어 '왕조를 송두리째 뒤흔들 요서(妖書)'로까지 규정했던 걸까요. 이 책은 바로 『도선참기(道詵讖記)』입니다. 『도선비기(道詵祕記)』로 더 많이 알려져 있는, 한국 역사상 가장 유명한 예언서 중 하나죠.

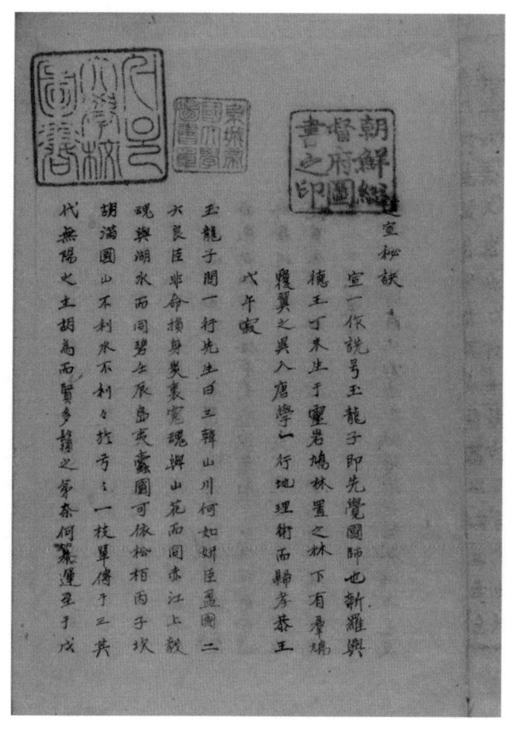

『도선비기』의
본문 내용 중

『도선참기』는 발견하면 바로 소각하거나 수납하지 말고 한양으로 직접 올려 보낼 것을 전하니, 전국적으로 그와 같은 문서를 압수할 것을 명한다.

—『조선왕조실록(朝鮮王朝實錄)』

성종 즉위년(1469) 12월 9일

『도선비기』는 통일신라 말기의 승려 도선이 남긴 것으로 전해집니다. 그는 859년에 청암사(靑巖寺)를 창건했고 도선국사(道詵國師)로 알려져 있죠.

풍수지리설과 음양도참설의 대가로『옥룡비기(玉龍記)』『삼각산명당기(三角山明堂記)』등 다수의 저서를 남겼다고 하지만, 원본은 전하지 않고『고려사(高麗史)』등 후대 문헌에 인용된 일부 구절만 남아 전설처럼 내려오고 있습니다.

비록 실물은 사라졌지만 500년의 세월 동안 조선을 공포에 떨게 하는 한편 민중에겐 희망을 불어넣었던 도선의 예언,『도선비기』비밀의 세계로 들어가 보겠습니다.

# 땅의 기운을 다스린 풍수지리의 대가

✦

도선국사의 생애는 시작부터 기이한 기운으로 가득 차 있습니다. 신라 무주 영암군에서 태어난 도선, 그의 어머니 최씨는 우물가에서 빨래를 하고 있었는데 푸른 오이가 물에 떠내려왔습니다. 기이하게 여긴 최씨는 오이를 먹었고 이후 태기를 느껴 아들을 낳았는데요. 처녀의 몸으로 잉태했기에 세간의 시선이 두려워 아이를 강

순천 선암사 선각국사
도선 진영

물에 버리고 말았죠.

그런데 강물에 버려진 아이 위로 기러기 떼가 날아와 덮어 주고 보호했다고 합니다. 또 아이가 버려진 곳에서 향기로운 풀이 솟아나 감싸 줬다고도 하고요. 그 광경을 목격한 최씨는 아이가 평범한 존재가 아님을 깨닫고 다시 데려와 길렀다고 하죠.

그 아이가 바로 도선이었습니다. 하늘이 점지하고 땅의 정기를 받고 태어난 아이, 도선은 태어날 때부터 남다른 신통력을 지니고 있었던 것입니다.

그의 능력은 땅의 기운을 읽고 다스리는 것이었습니다. 산과 강, 바다의 흐름과 바람의 방향을 살펴 길지(吉地, 운이 좋은 땅)를 짚어 내는 능력은 후대 고려 때 유행하고 또 세상을 지배하는 '풍수지리설(風水地理說)'의 시초가 되었습니다.

도선은 단순한 예언가를 넘어, 땅의 흠결을 보완하고 다스리는 비보풍수(裨補風水)의 대가로 평가됩니다. 비보(裨補)란 부족한 부분을 돕고 보태어 채운다는 뜻인데요.

도선은 우리나라 산천의 형세를 살펴보며 땅에 기운이 허하거나 강한 곳, 즉 '병든 곳'이 있다고 봤습니다. 사람이 병들면 침이나 뜸으로 치료하듯, 땅의 기운이 약한 곳에는 사찰이나 탑을 세워 인위적으로 땅의 기운을 보완할 수 있다고 주장했죠.

관련하여 고려 말의 승려 굉연이 기록한 도선의 전기 『고려국

     기묘한 세계사의 미스터리

사도선전(高麗國師道詵傳)』을 보면, "사람이 병들면 곧 혈맥을 찾아 침을 놓거나 뜸을 뜨면 병이 낫는다. 산천의 병도 역시 그러하다. 이제 내가 지적한 곳에 절을 세우고 불상을 세우고 부도를 세우는 일은 사람이 침을 놓고 뜸 뜨는 일과 같다. 이를 비보라고 한다."라고 설명하고 있습니다.

이처럼 도선의 사상은 단순한 미신이 아니라, 땅의 기운을 보완해 나라와 백성의 안녕을 기원하는 종교적·사회적 의무에 가까웠다고 할 수 있을 것입니다.

## 왕건 탄생을 예고하고 고려 건국을 설계하다

✦

도선의 예언 설화 중 가장 유명한 건 단연 고려 태조 '왕건'의 탄생에 관한 예언입니다. 신라 말 혼란기에 전국을 주유하던 도선은 송악(松嶽, 지금의 개성)에 이르러 강한 지기가 솟아나는 길지를 발견합니다. 그곳으로 가 보니 집을 지으려 준비 중인 남자가 있었는데, 바로 왕건의 아버지 왕융이었죠. 도선은 왕융에게 지금 짓고 있는 집을 허물고 자신이 가리키는 곳에 새로운 집을 지으라고 권하며, 놀라운 예언을 남깁니다.

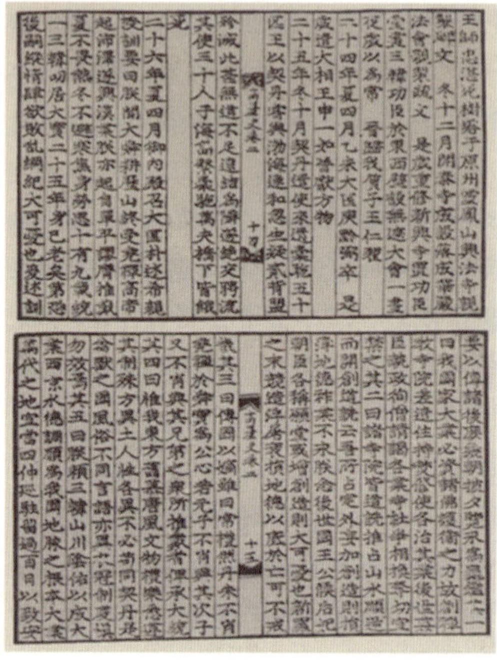

태조 왕건의 「훈요 10조」

이곳 산수(山水)가 빼어난 곳이 많아 내가 시키는 대로 집을 지으면 반드시 득남하게 되는데, 단순한 득남이 아니라 나아가 득국(得國, 나라를 얻음)까지 하게 될 것이오. 아이를 낳으면 반드시 이름을 건 (建)이라 지으십시오.

별안간 '왕이 될 인물이 날 것'이라는 예언을 들은 왕융이 믿기 어려워하자, 도선은 이 터의 지맥이 백두산에서 시작해 물의 운명

    기묘한 세계사의 미스터리

[水母]을 띠고 있음을 설명하고 물의 대수(大數)에 맞춰 집을 짓고 기운을 받아야 대영웅을 얻을 수 있다고 상세히 설명해 줬다고 전해집니다.

왕융은 도선이 가리킨 곳에 새로운 집을 지었고, 열 달 후 도선의 예언대로 아들을 낳았으며, 이름을 건이라 지었습니다. 이 아이가 훗날 후삼국을 통일하고 고려를 세운 '태조 왕건'이죠.

왕건은 도선의 남다른 능력을 깊이 신임했습니다. 그는 도선이 점지해 준 길한 자리를 자신의 못자리로 정했으며, 후대 왕들에게 남긴 유훈(遺訓)인 「훈요 10조(訓要十條)」에 도선과 관련된 내용을 가장 중요한 국가 지침 중 하나로 기록하기도 했죠.

> 모든 사원은 도선의 풍수지리설에 따라 개창한 것이니, 함부로 사원을 지어 지덕(地德)을 손상케 하지 말라.
>
> — 태조 왕건의 「훈요 10조」 중에서

도선의 풍수지리 사상이 단순한 예언을 넘어, 고려 왕조의 통치 철학과 정통성을 뒷받침하는 비밀 코드였다는 걸 의미합니다. 도선은 고려 건국의 정당성을 하늘과 땅의 이치로 설명해 준, 사실상 '고려의 설계자'나 다름없었습니다.

# 400년 운수를 예언하고 74년을 보탠 비밀

도선은 고려 건국뿐만 아니라 운명까지 예견했습니다. 고려 건국
에 앞서 송악의 터를 둘러본 도선은 의미심장한 예언을 남겼죠.

> 도선이 말하길, "이곳이 앞으로 800년은 이 나라의 운수를 지탱하
> 니 축하할 일이로다"라고 했다. 그러나 동남쪽의 안개가 걷히며 삼
> 각산(三角山, 북한산)이 모습을 드러내자 다시 전하길, "저 봉우리가
> 마치 도둑놈의 깃발처럼 우뚝 서 있으니, 400년이 지나면 나라의
> 큰 운수가 옮겨 가겠구나" 하고 혀를 찼다.
>
> — 홍만종의 『순오지(旬五志)』 중에서

도선은 송악이 800년을 갈 길지이지만, 조선의 도읍이 될 삼각
산의 기운이 400년 후 고려를 위협할 것임을 간파했습니다. 거기
서 도선은 비보풍수의 대가다운 해결책을 제시하죠.

그는 삼각산의 흉한 기운을 막고 고려의 운수를 보태고자 개의
형상을 한 일흔다섯 개의 석상을 깎아 삼각산 봉우리를 향해 뒀다
고 전해집니다. 땅의 기운이 약해지는 곳을 인위적으로 보완하는
비보풍수의 대표적 사례죠.

실제로 고려는 918년에 건국되어 1392년에 멸망할 때까지 500

 기묘한 세계사의 미스터리

년 가까이 존속했습니다. 도선이 예언했던 400년보다 74년 더 이어진 것이죠. 기묘하게도 이 74년이라는 숫자는 그가 깎아 놓았다는 석상의 개수 75개와 비슷합니다. '나라를 지키는 75마리의 개' 덕분이었을까요? 후대의 사람들은 이 놀라운 우연을 도선의 예언이 완벽하게 적중했음을 보여 주는 증거로 여겼습니다.

이처럼 『도선비기』는 고려 왕조의 정신적 지주 역할을 했지만, 동시에 왕조가 쇠퇴할 때는 정치적 공격의 도구가 되기도 했습니다. 고려 말기 공민왕의 개혁 정치를 이끌었던 승려 신돈은 당시 파격 행보로 '요승(妖僧)'이라는 비판에 직면했는데요.

무신 정세운 등은 『도선참기』에 실린 "승려도 속인도 아닌 자가 나라를 망칠 것이다"라는 구절을 신돈에게 덮어씌워 공격의 근거로 삼기도 했죠.

예언서는 시대를 막론하고 권력 다툼의 날카로운 무기가 되었던 것입니다.


## 이씨 왕조를 위협한 또 하나의 예언

1392년 고려가 멸망하고 조선이 건국되자, 『도선비기』에 대한 태도는 180도 달라졌습니다. 고려 왕실의 지침서였던 이 책은 조선

왕실에겐 '가장 위험한 금서'가 되었죠. 그 배경에는 조선 건국의 정통성이 예언에 기반했다는 아이러니한 이유가 있습니다.

고려 말에 이미 '십팔자위왕설(十八子爲王說)'이라는 예언이 널리 퍼져 있었습니다. 십(十)에 팔(八)에 자(子)를 합하면 '이(李)' 자가 되니, 결국 이씨 성을 가진 사람이 왕이 될 거라는 예언이었죠. 실제로 이성계가 위화도회군(威化島回軍)으로 정권을 잡고 조선을 건국하면서 예언은 현실이 되었습니다.

왕조 교체가 예언에 의해 이뤄진 경험이 있는 조선의 왕들에게

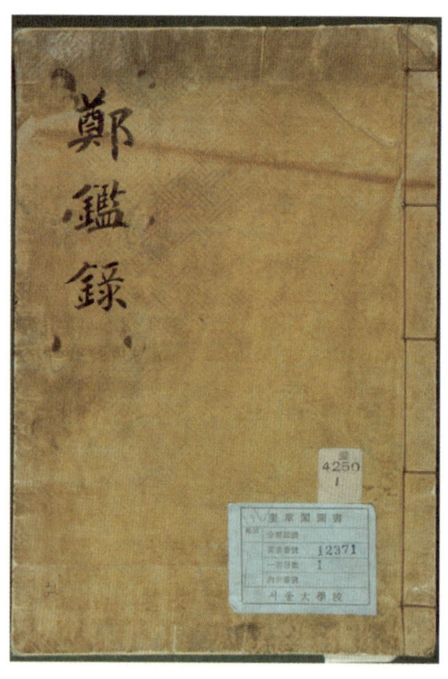

조선 후기를 뒤흔든 『정감록』

 기묘한 세계사의 미스터리

또 다른 예언서는 곧 자신들의 왕권을 위협하는 반역의 씨앗이었던 것입니다. 실제로 세조와 성종 등은 『도선비기』와 그 계통을 잇는 예언서들을 철저히 수색하고 몰수하도록 명했죠.

특히 조선 후기, 혼란스러운 민심을 배경으로 출현한 또 다른 예언서 『정감록(鄭鑑錄)』은 『도선비기』의 정신적 후계자처럼 민간에 퍼져 나갔습니다. 『정감록』은 '이씨(李氏) 왕조가 망하고 정씨(鄭氏) 왕조가 들어설 것'을 예언하며, 새로운 도읍지인 계룡산(鷄龍山)과 피난처인 십승지(十勝地)를 제시했죠.

'정씨 성을 가진 진인(眞人, 참된 사람)이 나타나 새로운 세상을 연다'라는 식의 이 이야기는 흉흉한 민심을 등에 업고 엄청난 파급력을 발휘했는데요. 출처 불명의 예언서를 신뢰하고 따를 정도로 조선 사회의 혼란과 백성의 새로운 세상에 대한 염원이 간절했음을 보여 줍니다.

『도선비기』와 『정감록』, 두 권의 예언서는 모두 원본이 남아 있지 않습니다. 역사의 기록에서만 찾아볼 수 있는 이 사라진 책들은 단순한 예언을 넘어 한 왕조의 흥망성쇠를 논하고 백성의 희망을 담아냈던 시대의 거울이었죠.

천년이 넘는 시간을 내다보며 고려의 시작과 끝을 예언했던 도선국사의 비밀은, 오늘날까지도 역사의 미스터리로 남아 우리에게 묻고 있습니다.

# 조선 최초의 금서를 둘러싼 미스터리

## 부패한 권력을 심판한 빙의 괴담

## 500년 봉인을 깨고 나온 비밀의 기록

1996년, 국사편찬위원회 사료조사실은 조선 중기의 문신 묵재(默齋) 이문건의 『묵재일기(默齋日記)』 해독 작업에 착수했습니다. 이 일기는 한 인간의 세밀한 일상을 담고 있어 조선 중기 생활사 연구에 귀중한 자료로 여겨졌죠.

서경대학교 이복규 교수가 제3책의 사료를 검토하던 중, 일기장 뒷장에서 이상한 글을 발견합니다. 책이 발간된 당시 조선에선 먹물이 비치는 걸 막고자 종이를 반으로 접어 제본하는 게 일반적이었는데요. 이문건은 그렇게 접혀 봉해져 있던 종이의 뒷면에 뭔가를 은밀하게 필사해 뒀습니다. 이는 선비들이 권력의 감시망을 피해 소중하거나 비밀스러운 기록을 후세에 남기고자 했던 지극히 비밀스러운 메모 방식이었죠.

글의 정체를 확인한 이 교수는 충격에 휩싸입니다. 그것은 조선 제11대 국왕 중종 때 왕명으로 모두 수거되어 불태워진 소설, 한국 최초의 금서(禁書)로 기록된 『설공찬전(薛公瓚傳)』의 국문 필사본이었기 때문입니다. 이 발견은 중세의 금지된 문헌을 발굴한 것과 같은 문학사적 대사건이었습니다. 완전히 사라진 줄 알았던 문제작이 한 선비의 일기장 속에 극적으로 숨겨져 500여 년 만에 봉인 해제되었기 때문이죠.

『설공찬전』은 작자 채수에 의해 1511년경에 창작되었습니다. 한문으로 쓰였으나 내용이 워낙 흥미롭고 파격적이어서 곧바로 한글로 번역되어 경향(京鄕) 각지에 널리 퍼져 나갔죠. 그 때문에 이 작품은 허균의 『홍길동전(洪吉童傳)』보다 약 100년 앞선 '한글로 수용된 최초의 소설'이라는 타이틀을 얻게 됩니다.

한글이라는 새로운 매체를 타고 백성들에게 폭발적인 인기를 얻은 이 소설은, 그러나 곧바로 조정의 최고 권력자를 자극하는 '불온서적'으로 전락하고 말았죠.

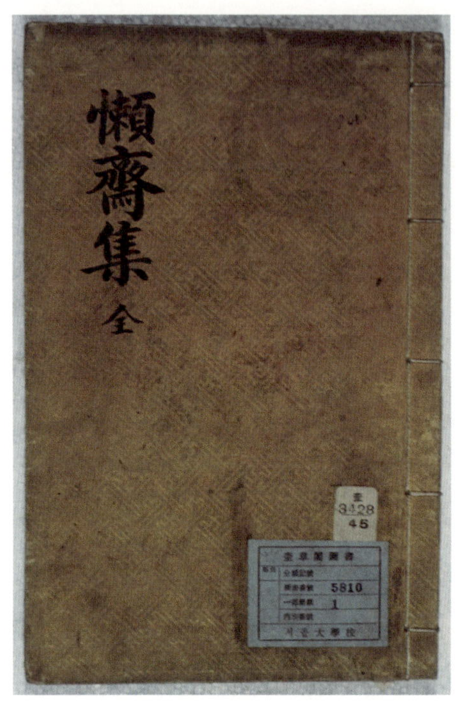

채수의 시가와 산문을 엮어
1674년에 간행한 시문집
『나재집(懶齋集)』

『설공찬전』은 그 내용이 요망한데, 조정과 민간에서 모두 현혹되어
민중을 어지럽게 한다.

-『조선왕조실록』 중종 6년(1511) 9월 2일


『설공찬전』을 불살랐다. 숨기고 내어 놓지 않는 자는 요서은장률
(妖書隱藏律)로 치죄할 것을 명했다.

-『조선왕조실록』 중종 6년(1511) 9월 5일




기묘한 세계사의 미스터리

『설공찬전』의 내용이 모두 매우 요망하여, 문자로 옮기거나 언어로 번역해 전파함으로써 민중을 미혹시킨다.

-『조선왕조실록』중종 6년(1511) 9월 18일

국왕이 직접 금서로 지정한 것으로도 모자라 소각까지 명령했고 '괴이한 책을 숨긴 죄'라는 뜻의 요서은장률까지 들먹이며 백성들을 위협했습니다. 『설공찬전』은 조선의 왕정(王政)을 뒤흔든 최초의 필화(筆禍) 사건을 일으킨 문제작이었던 것이죠.

## 귀신에게 빙의된 사촌, 저승 단월국을 말하다

『설공찬전』은 기괴하고 신비로운 '빙의(憑依) 괴담'의 형태를 띠고 있는데요. 그 때문에 '조선판 엑소시스트'라 불리기도 합니다. 이야기는 전라북도 순창의 명문가 설씨(薛氏) 집안에서 시작됩니다.

주인공은 스무 살에 요절한 설공찬입니다. 그의 사촌 동생인 설공침이 어느 날 귀신에 홀린 듯 기이한 병을 얻고, 곧 죽은 공찬의 일찍 세상을 떠난 누이 영혼에게 빙의되는데요. 공찬 누이의 영혼은 오라비인 공찬을 데려오겠다고 말하고, 이윽고 공침의 몸에 공찬의 영혼이 들락거리기 시작합니다.

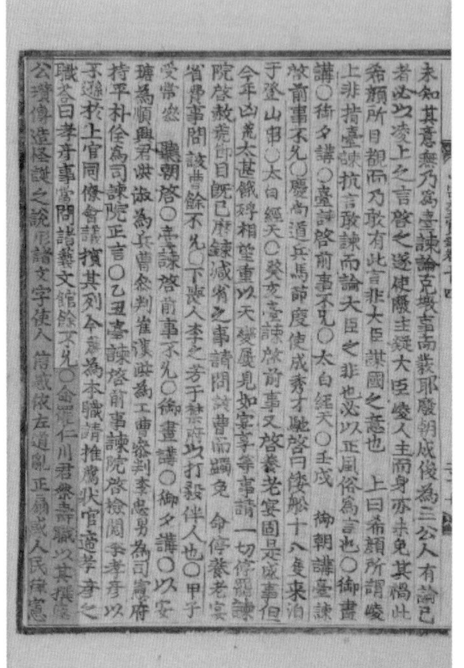

『조선왕조실록』
중종 6년(1511) 9월 18일자
『설공찬전』 관련 내용

공찬의 영혼이 공침의 몸에 들어올 때마다 공침은 평범한 사람이 아닌 존재로 변합니다. 공침의 아버지 설충수가 왜 오른손 대신 왼손으로 밥을 먹느냐고 묻자, 공침의 몸에 들어온 공찬은 "저승에선 다 왼손으로 먹느니라!"라고 대답합니다. 산 자와 죽은 자의 세계가 완전히 반대임을 암시하는 섬뜩한 장면이죠.

가족들은 공침에게서 귀신을 쫓아내려 애쓰지만, 오히려 공찬의 영혼은 "이렇듯 나를 괴롭히겠다면, 아들의 얼굴을 흉측하게 만



기묘한 세계사의 미스터리

들어 주마!"라고 소리치며 공침의 몸을 비틀고 혀를 베어 낼 듯한 극심한 고통을 줍니다. 충수가 무릎 꿇고 애원한 뒤에야 공침은 본래의 모습을 되찾을 수 있었죠. 빙의된 영혼의 강력한 힘과 산 자가 겪는 절망적인 공포가 생생하게 묘사된 이 장면은 엄청난 몰입감과 공포를 선사합니다.

공포의 절정은 공찬의 영혼이 사촌 동생들에게 저승의 모습을 들려주는 대목입니다. 공찬이 말한 저승은 바닷가에 있는 단월국(檀越國)으로, 이 땅의 모든 죽은 사람이 모이는 곳이었는데요. 저승의 임금인 비사문천왕(毘沙門天王)은 죽은 사람에게 이승에서의 생활을 묻고 그에 따라 벼슬을 내렸습니다. 공찬이 전한 저승의 법칙은 다음과 같았습니다.

이승에 어진 재상이면 죽어서도 재상으로 다니고, 이승에서 비록 비명에 죽었어도 임금께 충성한 사람이면 저승에 가서도 좋은 벼슬을 한다. 비록 임금이더라도 몹쓸 자는 다 지옥에 들어가 있었으며, 반정을 통해 왕위에 오른 임금과 간신배들도 모조리 지옥에 떨어졌다.

소설이 단순한 괴담을 넘어, 현실 사회를 향한 날카로운 비수임을 드러내는 결정적인 내용이었습니다.

# 유교 국가 조선을 뒤흔든 전복적 상상력

『설공찬전』이 국가 최고 권력에 의해 금서로 지정되고 소각 명령을 받은 배경에는 당시 조선 사회의 불안정한 정치 상황과 경직된 유교 이념이 자리하고 있습니다.

## 성리학 질서를 흔든 윤회화복설(輪廻禍福說)

조선은 건국 이래 성리학을 국가 통치 이념으로 삼았고, 유교 이념에 위배되는 불교의 윤회 사상이나 무속적 신앙을 미신으로 규정하며 철저히 통제했습니다. 조선 제10대 국왕 연산군을 몰아낸 중종반정(中宗反正, 1506년) 직후의 조정은 혼란한 민심을 다잡고 유교적 질서를 강화하는 데 혈안이 되어 있었죠.

그런데 『설공찬전』은 저승의 존재를 전제하고 이승에서의 행실에 따라 복(福)과 화(禍)가 윤회한다는 불교적 세계관을 노골적으로 드러냈습니다. 소설의 내용이 문자로, 그것도 일반 백성도 쉽게 읽을 수 있는 한글로 번역되어 전국적으로 퍼지자 조정은 '요사스러운 책[妖書]'이 백성을 미혹시켜 사회 질서를 어지럽힌다고 판단했죠. 왕실은 성리학적 질서를 수호하고자 이 책을 반드시 뿌리 뽑아야 할 '체제 전복적인 사상'으로 간주한 것입니다.

## 중종반정 세력을 향한 직격탄

금서 지정의 결정적 이유는 소설의 정치 풍자였습니다. 채수가 소설을 지은 시기는 중종반정이 일어난 지 5년 만이었는데요. 반정으로 왕위에 오른 중종과 공신들은 권력을 차지했지만, 그들의 부패와 탐욕은 연산군 시대 못지않다는 백성들의 원성이 컸습니다.

채수는 평소 직언을 서슴지 않는 대쪽 같은 성품의 언관이었는데요. 그는 소설 속 저승의 입을 빌려 "반정으로 왕위에 오른 임금과 간신배들도 모조리 지옥에 떨어진다"라고 선언함으로써, 중종반정을 주도한 현 집권 세력의 정당성에 정면으로 의문을 제기한 것이었죠.

채수를 처벌하는 과정에서 조정 대신들 사이에서 "채수를 교수형에 처해야 한다"라는 주장이 강력하게 제기되었는데요. 단순한 작가 비판이 아니라, 정권의 정통성을 위협하는 반역적 발언으로 해석되었기 때문이었습니다.

채수는 다행히 공신이었고 고령이라는 점이 감안되어 파직으로 마무리되었지만, 이 필화 사건은 표현의 자유와 정치 풍자가 권력에 의해 어떻게 탄압받는지를 극명하게 보여 줍니다.

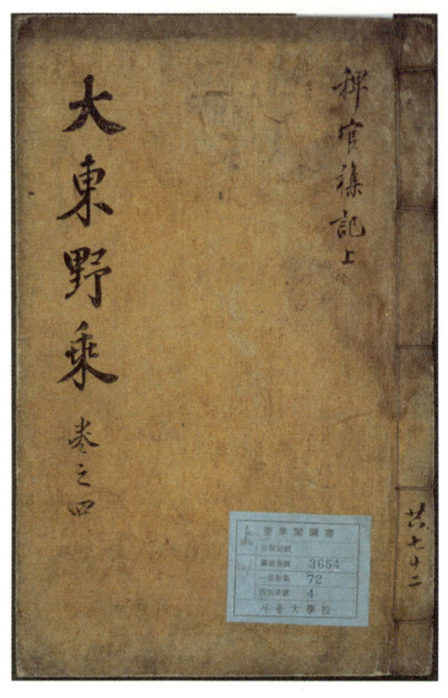

어숙권의 『패관잡기』

## 실화 논란과 작가의 기이한 배경

『설공찬전』이 폭발적인 인기를 얻고 금서로까지 지정된 데는, 소설이 '실화'라는 소문과 작가 채수의 기이한 배경 또한 한몫했습니다.

『설공찬전』은 설씨 집안의 일을 그대로 적어 백성들을 미혹했다.

– 어숙권의 『패관잡기(稗官雜記)』 중에서



기묘한 세계사의 미스터리

당대의 기록에 따르면, 사람들은 이 이야기가 작가가 지어낸 허구가 아니라 순창 설씨 가문에 실제로 벌어졌던 일이라고 믿었습니다. 실제로 설충란과 설충수는 순창 지역에 실존했던 인물로 확인되기도 했고요.

채수는 실제 인물과 가문의 배경 위에 빙의와 저승이라는 파격적인 설정을 덧입혀 '사실보다 더 사실 같은 이야기'로 대중을 사로잡았습니다. 오늘날 '실화를 바탕으로 한 영화'가 주는 몰입감과 유사하죠.

더욱 흥미로운 것은 작가 채수의 생애에 얽힌 야사(野史)입니다.


채수가 어릴 적 귀신의 무리를 목격했는데, 막냇동생은 귀기에 닿자마자 즉사했지만 채수는 아무 탈 없이 멀쩡해 주변 사람들이 기이하게 여겼다.


어릴 적부터 귀신을 직접 목격하고도 아무렇지 않았다는 이야기는, 그가 저승과 이승의 경계를 넘나드는 듯한 『설공찬전』의 이야기를 쓸 수 있었던 영적 경험의 근원으로 추측하게 합니다. 유학자이면서도 불교, 노교, 무속에 깊은 조예가 있었다는 채수의 지적 배경 또한 소설의 괴기하고 전복적인 상상력에 힘을 더했죠.

왕명으로 한문 원본이 모두 불타 버렸으나, 『설공찬전』은 금서가 되었기에 더욱 신비롭고 매력적인 이야기로 인식되어 백성들의 손에서 손으로 은밀히 필사되어 나갔습니다. 국문 필사본을 일기장 속에 숨겨 둔 이문건처럼, 이 책을 읽은 이들은 권력의 감시망을 비웃으며 암묵적인 저항을 이어 갔습니다.

비록 유실된 결말 때문에 채수가 궁극적으로 말하고자 했던 바를 완전히 알 수는 없지만, 『설공찬전』은 부패한 권력에 대한 지식인의 분노와 억압받던 민중의 소망을 괴담의 옷을 입혀 대담하게 펼쳐 보인 '조선 최초의 사회 비판서'이자 '금지된 문화 혁명'의 씨앗이었습니다.

# 영웅 이순신의 전사는 위장된 결말인가

## 살아남기 위해 죽음을 택했나

## 전란의 끝에서 사라진 영웅

1598년 12월 16일, 임진왜란(壬辰倭亂)의 마지막 전투인 노량해전(露梁海戰)이 한창이던 경상우도 남해현 앞바다에서 조선의 명장 충무공 이순신은 마지막 유언을 남기고 쓰러졌습니다.

싸움이 급하니 나의 죽음을 알리지 말라.

7년에 걸친 지긋지긋한 전쟁을 끝내고자 조명연합군은 왜적의 퇴로를 완전히 차단하고 최후의 섬멸전에 돌입했습니다. 이순신이 직접 지휘하는 조선 수군은 필사의 각오로 싸웠고, 왜군들은 최소 300척에서 최대 500척에 달했던 함대의 7할을 노량 앞바다에 수장시킨 채 도망치듯 본국으로 돌아가야 했죠.

이 전투는 조선 수군의 압도적인 대승으로 막을 내렸으나, 그 중심에 서 있던 최고 지휘관 이순신은 싸움 도중 왜군이 쏜 총탄에 맞아 절명하고 말았습니다. 그의 마지막 순간은 『조선왕조실록』 「선조실록(宣祖實錄)」에 간략하게 언급되어 있지만, 『징비록(懲毖錄)』 등 주요 기록에는 그의 아들 이회와 조카 이완, 그리고 몸종 김이가 현장에서 이순신의 임종을 지켰고 "군사들의 동요를 막고자" 그의 죽음을 숨겼던 극적인 상황이 기록되어 있습니다.

이순신 장군은 임진왜란을 막기 위해 이 땅에 태어났다가 임진왜란이 평정되니 성스러운 자태를 감추어 바람같이 스러진 것이었다.

— 박종화, 장편소설 『임진왜란(壬辰倭亂)』 중에서

이처럼 이순신의 죽음은 나라의 운명이 걸린 전쟁의 종결과 함께 찾아온, 마치 신화와 같은 고결한 최후로 후대에 기억되어 있죠. 그러나 그의 극적인 전사 이후, 현대에 이르기까지 '이순신의 죽음'에 관한 몇 가지 의문과 미스터리가 끊임없이 제기되고 있습니다. 단순히 역사적 사실을 넘어, 한 영웅이 짊어져야 했던 시대의 무게와 그가 남긴 윤리적 딜레마를 반추하게 만듭니다.

## 성공한 대장은 몸을 보전하기 어렵다

✦

이순신의 죽음과 관련해 가장 오래되고 유서 깊은 미스터리는 '의도적 죽음설'입니다. 그가 전쟁이 끝난 직후 정치적 후환을 피하고자 스스로 죽음을 선택했다는 가설이죠.

### 선조의 견제와 전쟁 영웅의 비극

임진왜란 내내 이순신은 조선 제14대 국왕 선조의 깊은 불신과 견제 속에서 나라를 지키고자 싸워야 했습니다.

전쟁 중에 자신의 궁궐을 버리고 도망쳤던 선조는, 전쟁이 끝난 후 땅에 떨어진 왕권을 복구하는 데 집착했는데요. 그 과정에서 백성들의 신망을 한 몸에 받던 전쟁 영웅들은 왕권에 위협적인 존재로 간주되었죠.

이순신의 의도적 죽음설을 뒷받침하는 배경에는 의병장 김덕령의 비극적인 최후가 있습니다. 혁혁한 공을 세운 김덕령은 역모에

연루되어 억울하게 고문을 받다 옥사하고 말았죠. 문신 이민서가
남긴 『김충장공유사(金忠壯公遺事)』에는 당시의 공포스러운 분위
기가 기록되어 있습니다.



기묘한 세계사의 미스터리

임진왜란의 마지막 해 전투를 기록한 병풍 그림 〈정왜기공도병(征倭紀功圖屏)〉

김덕령이 죽고 난 후 여러 장수가 저마다 스스로 제 몸을 보전하지

못할까 걱정했다.

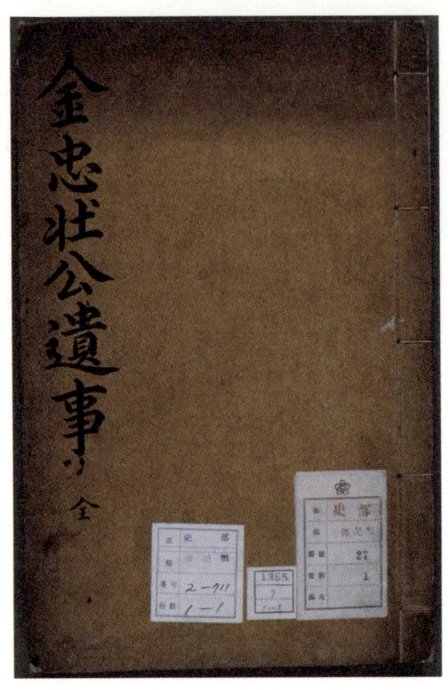

이민서의
『김충장공유사』

이순신 역시 선조에겐 '이용해야 할 명장'인 동시에 '언제든 칼날이 되어 돌아올 수 있는 위협'이었던 것이죠. 선조는 이미 이순신을 파직하고 백의종군(白衣從軍)시키는 등 그의 명성과 지위를 꺾으려는 시도를 여러 차례 했습니다. 이순신은 이러한 정치적 상황을 누구보다 잘 알고 있었습니다.

## 장군의 죽음을 통한 자진(自盡)

이순신의 죽음이 우연이 아니었을지도 모름을 뒷받침하는 기록들이 있습니다. 그의 그림자 같던 부하 류형에게 이순신이 생전에 했다는 말은 의도적 죽음설의 핵심 근거가 될 수도 있지요.

예로부터 대장이 자기가 세운 전공에 대하여 인정을 받아 보려는 생각을 조금이라도 갖는다면 대개는 생명을 보전하기 어려운 법이다. 그러므로 나는 적이 물러나는 그날 죽음으로써 유감 될 수 있는 일을 없애도록 하겠다.

이순신 스스로 "전쟁이 끝나는 날에 죽기를 소망한다"라는 말을 측근들에게 자주 했다는 기록 또한 전해집니다. 나아가 이민서의 『김충장공유사』에는 더욱 충격적인 구절이 등장하는데요.

김덕령 이후 (중략) 이순신도 바야흐로 전쟁 중에 갑주를 벗고 앞장서 나섬으로써 스스로 탄환에 맞아 죽었다.

역사가들은 이 문장을 글자 그대로 '갑옷을 벗었다'라는 의미보다 '죽음을 각오하고 용감하게 선두에 나섰다'라는 고사 구절의 표현으로 해석하는 게 일반적입니다.

그러나 후대, 숙종 때 좌의정을 지낸 이이명은 집안의 역사 기록
에 이순신을 두고 다음과 같이 기록했습니다.

공은 용의주도하게 방비해 자기 몸을 아끼지 않고, 왜 몸을 버리고
죽어야 했을까. 세상 사람들이 말하되, 공이 성공한 뒤에도 몸이 위
태로워질 것을 스스로 헤아리고 화살과 탄환을 맞으면서도 피하지
않았다고 했다. 어허, 참으로 슬프도다.

이러한 기록들은 이순신의 전사(戰死)가 단순한 우연이 아니라,
권력의 칼날이 미치기 전에 스스로 명예로운 최후를 선택해 영원
한 성웅으로 남고자 했던 '장군의 고뇌에 찬 결단'이 아니었을까 하
는 의혹을 증폭시키죠.

## 노량에서 살아남아 은둔했다는 설

또 다른 가설은 이순신이 노량해전에서 실제로 사망하지 않고, 자
신의 죽음을 위장해 은둔했다는 '은둔설'입니다. 이 가설은 주로 그
의 지친 심리 상태와 사후 묘소 이장 문제에 근거하는데요.

이순신은 명량해전(鳴梁大捷) 직후 가장 아꼈던 셋째 아들 이면

 

을 잃었습니다. 일기에 '살생과 업보로 죄를 진 자신이 죽어야 하는데 아들이 먼저 떠나고 말았구나'라고 적었을 만큼, 아들의 죽음은 그에게 깊은 슬픔과 환멸을 안겼죠. 거기에 선조의 끊임없는 견제와 감시까지 더해지자, 이순신은 모든 걸 내려놓고 평범한 시골 촌부로 살고 싶다는 소망을 자주 밝히기도 했습니다.

은둔설을 주장하는 이들은 노량해전 당시 이순신의 죽음을 숨길 수 있는 환경이 조성되었다는 점에 주목합니다. 이순신은 전투에 경험 많은 다른 장수 대신 맏아들 이회와 조카 이완, 그리고 몸종 김이만 대동하고 전장에 나섰는데요.

이들 셋만 그의 임종을 지켰고, 지휘권 역시 경험 많은 장수가 아닌 아들 이회에게 넘어갔습니다. 이 작은 그룹이 "싸움이 급하니 나의 죽음을 알리지 말라"는 유언을 빌미로 이순신의 탈출을 도왔을 가능성이 제기되는 것이죠.

이 가설은 묘소 이장 기록을 증거로 제시합니다. 이순신은 전사 이듬해인 1599년 고향 아산 금성산에 안장된 후, 1614년에 이르러 현재의 충남 아산 어라산으로 이장되었는데요. 은둔설 지지자들은 이 1614년이야말로 이순신이 진짜 죽음을 맞이한 해이며, 그제야 공식적인 묘소로 옮겨졌다고 주장하죠.

그러나 대다수 역사가들은 이 주장을 의논할 가치도 없는 주장으로 일축합니다. 당시 이순신은 명나라 제13대 황제 만력제로부터 면사첩(免死帖), 즉 '죽음을 면하고 죄를 사하는 증명서'까지 하사받은 상태였죠. 설령 선조의 견제가 두려웠더라도, 면사첩이 있는 그를 국왕이라 해도 함부로 처벌할 수 없었습니다.

또한 은둔설을 뒷받침할 만한 실록 기록이나 목격담이 전무하다는 점, 그리고 평생을 나라에 헌신했던 이순신의 고결한 성품상 개인의 안위를 위해 임무를 저버렸다는 점을 납득하기 어렵다는

명나라 제13대 황제
만력제



기묘한 세계사의 미스터리

게 주된 반론입니다. 묘소 이장 역시 임진왜란 직후 혼란기에 급하게 치러진 초장(初葬)을 공신에 걸맞은 예우를 갖추고자 정식으로 옮긴 것으로 보는 게 정설이고요.

## 해결되지 않은 마지막 미스터리

✦

이순신의 죽음을 둘러싼 미스터리가 단순히 대중의 흥미를 넘어 역사적 논란으로 이어진 마지막 지점은 다름 아닌 조선 후기 왕실의 태도입니다.

조선 제19대 국왕 숙종 때 작성된 『이십공신회맹축(二十功臣會盟軸)』은 공신들의 충성 맹세 기록서이자, 그들의 후손이 왕실의 일원으로서 예우받았음을 상징하는 중요한 문헌입니다. 숙종이 개국공신부터 영국공신에 이르는 이십공신과 그 자손들을 거느리고 회맹제를 행한 뒤, 회맹문과 참여자의 명단 등을 적어 두루마리로 꾸민 게 바로 『이십공신회맹축』이죠. 그런데 회맹제 참석 명단에 이순신의 장손(長孫) 가문이 빠져 있었다는 사실이 드러났죠.

임진왜란에서 공을 세운 권율, 원균 등은 공신으로 책봉되어 후손이 회맹제에 참석했지만, 최고 영웅으로 추앙받던 이순신 가문의 이름은 찾아볼 수 없었던 것입니다.

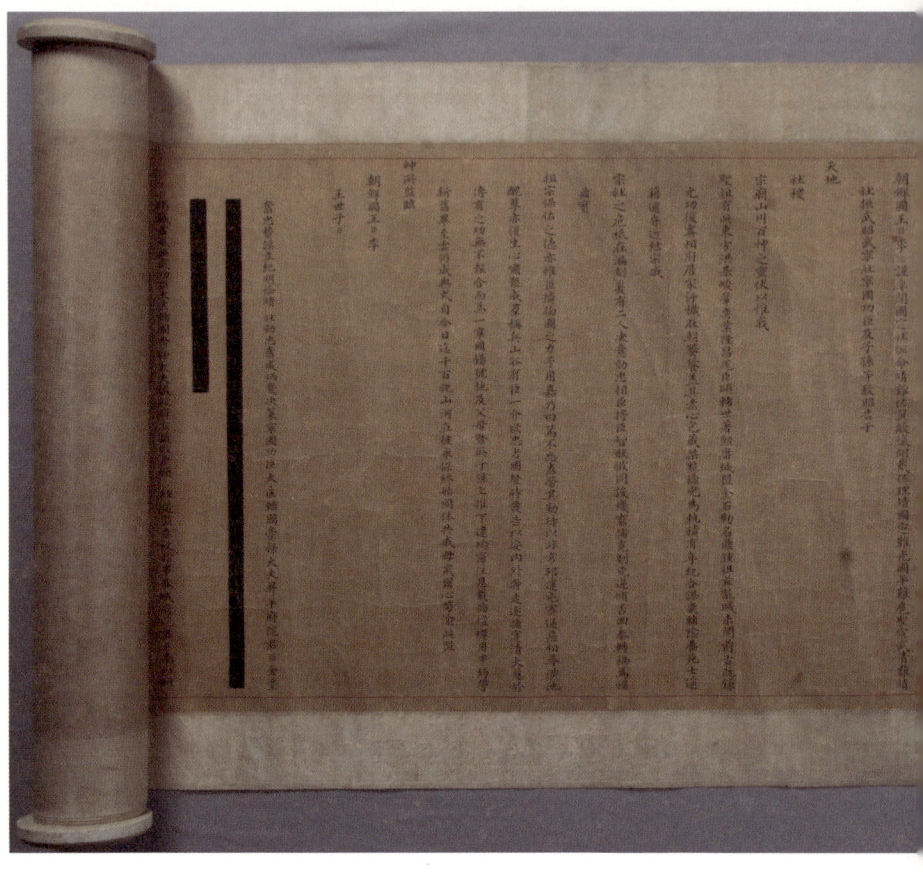

숙종을 비롯한 역대 임금들이 이순신을 '충무공'으로 예우하고 치켜세웠다는 점을 고려할 때, 이순신 가문이 회맹제에서 배제된 이유는 역사적 미스터리로 남아 있습니다.

한국학중앙연구원 왕실문헌연구부의 연구처럼, 왕실이 어떤 특

　기묘한 세계사의 미스터리

숙종이 개국공신부터 영국공신에 이르는
'이십공신'과 그 자손들을 거느리고
회맹제를 행한 뒤 회맹문과 참여자의
명단 등을 적어 두루마리로 꾸민
『이십공신회맹축』

별한 사유로 이순신 가문을 참석 대상에서 아예 배제했던 것은 아

닌지에 대한 추가 연구가 필요한 상황입니다.

물론 이 미스터리가 의도적 죽음설이나 은둔설과 직접적으로

연결된다고 단정할 수는 없습니다. 하지만 이순신 사후에도 그의

가문이 왕실로부터 완전히 자유롭지 못했던 혹은 왕실이 공공연히 말할 수 없는 어떤 부담을 갖고 있었다는 복잡한 정치적 관계를 시사하죠.

이순신은 노량해전에서 전사했습니다. 현재까지의 확고한 역사적 정설이죠. 하지만 김탁환 소설가의 말처럼, 대중은 이 영웅이 무슨 심정으로 그렇게 허무하게 갔는가에 주목할 수밖에 없습니다.

이순신의 죽음을 둘러싼 미스터리는 '나라를 구한 영웅이 왜 왕에게 인정받지 못하고 결국 스스로의 죽음까지 의심받아야 했는가'라는 조선 봉건 왕조의 비정한 권력 논리와 영웅의 고독을 상징적으로 보여 주는 비극적인 유산이라 할 수 있습니다.



기묘한 세계사의 미스터리

# 조선 영웅 도사의 수상한 부활

전우치, 시대의 모순에 맞선 경계인

## 전설이 아닌, 기록된 기인의 출현

도포를 휘날리며 하늘과 땅을 자유로이 넘나드는 영웅, 전우치. 그는 고전 소설이나 구전 설화 속에서만 존재하는 허구의 인물이 아니었습니다. 15세기 말부터 16세기 초, 조선 중종 연간의 황해도 송도(松都, 지금의 개성)를 중심으로 활동한 실존 인물이죠.

전우치의 생애와 기행이 기록된 문헌은 실로 놀라울 만큼 많습니다. 유몽인의 『어우야담(於于野談)』, 이수광의 『지봉유설(芝峯類說)』, 허균의 『성소부부고(惺所覆瓿藁)』, 이덕무의 『청장관전서(靑莊

館全書)』등 조선의 대표적인 실학자와 문인들이 남긴 여덟 개 이상의 문헌에 그의 이름과 행적이 뚜렷하게 남아 있죠. 그의 존재가 당시 지식인들에게 얼마나 큰 충격과 흥미를 줬는지 방증합니다.

전우치에 관한 이야기 중, 그의 도술 습득 과정을 설명하는 설화가 특히 흥미로운데요. 아버지를 일찍 여의고 성장해 사귄 여인이 사실은 여우였다는 것입니다.

아버지의 오랜 벗인 윤공이 여우를 멀리하라 경고했음에도, 전우치는 오히려 여우를 꾀어 그 넋이 담긴 호정(狐精, 여우 구슬)을 빼앗아 삼켜 버리죠. 그 순간, 그는 하루아침에 신묘한 힘을 얻어 동물 부리는 능력을 갖추고 자취를 감춰 버립니다.

전우치는 환술과 기예에 능하고 귀신을 잘 부렸다.

ㅡ『대동기문(大東奇聞)』 중에서

이 호정 설화는 단순한 판타지가 아니라 전우치의 정체성을 상징적으로 보여 줍니다. 여우 구슬은 정통 방식이 아닌 이단적이고 비정상적 경로로 힘을 얻었다는 걸 의미하죠. 또한 그 과정에서 윤리적 경계를 넘어서는 그의 과감하고 즉흥적인 성격이 드러납니다.

소설『전우치전』의 일부 판본에선 그가 이 여우 구슬을 먹은 뒤 자제력을 잃고 오만해지는 모습이 나타나는데, 그가 단순히 도를

　기묘한 세계사의 미스터리

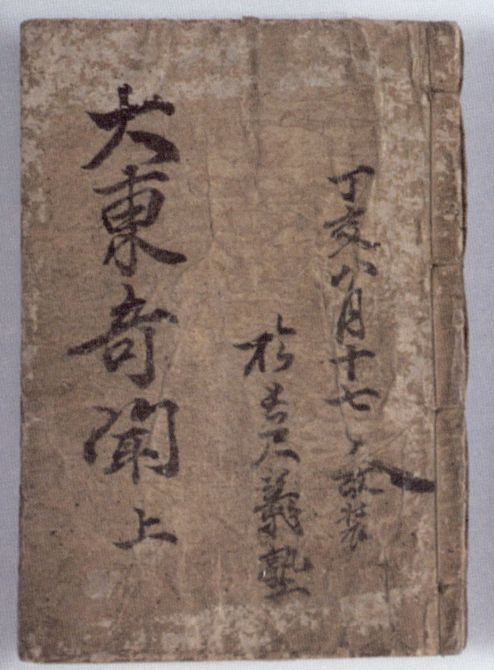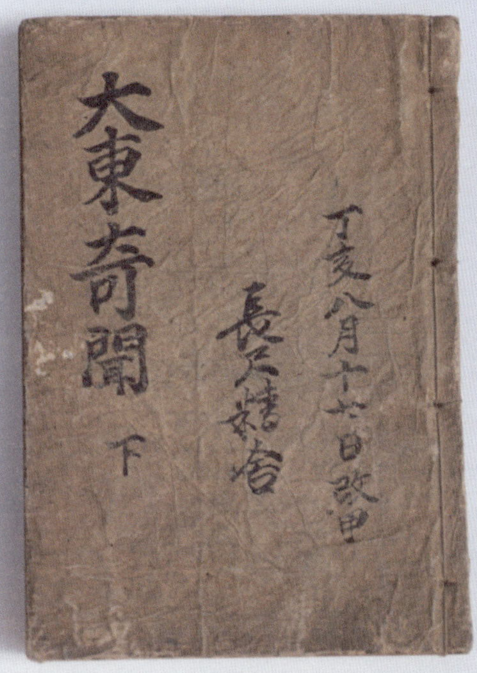

한양서원에서 역대 인물들의 전기·일화들을 모아
1926년에 간행한 『대동기문』

닭은 '도사'가 아니라 강렬한 욕망과 비정통적 힘을 가진 '기인(奇
人)'이었다는 걸 암시합니다. 그의 도술은 곧 사회적 권위에 도전
하는 무기가 되었죠. 병 속에 들어가고 족자에서 미인을 꺼내며 밥
풀로 흰나비를 만드는 등 신출귀몰한 그의 행적은 조선의 경직된
유교적 이념으로는 설명되지 않는 새로운 질서를 상징했습니다.

## 고위층의 눈엣가시, 환술과 도술의 경계에서

실존 인물 전우치를 둘러싼 가장 큰 논란은 그의 행위가 '환술(幻術)'이었는지 '도술(道術)'이었는지 하는 정체성 문제였습니다. 그 논란은 당시 조선 사회의 지배 이념인 성리학과 비주류 사상인 도가의 갈등을 투영하죠.

당시 세간에선 전우치를 눈속임에 능한 '환술사'로 깎아내리기도 했는데요. 환술사는 현대의 마술사와 유사하며, 백성들에게 '환희(幻戲)'라는 신기한 공연을 제공하는 일종의 광대였습니다. 환술은 사람을 속이는 걸 전제로 하므로, 예의범절을 중시하고 진실성을 강조하는 조선의 유학자들에겐 경멸의 대상이었죠.

『성소부부고』의 기록처럼, 성종이 중국 환술사의 공연을 즐기려 하자 홍문관 부제학 이맹현이 상소를 올려 막으려 했던 일화는 지배층이 환술을 얼마나 경계했는지 보여 줍니다.

문헌 기록을 보면 대부분의 고위 관료들은 전우치를 탐탁지 않게 여겼습니다. 단순히 환술사에 대한 나쁜 인식 때문만은 아니었는데요. 전우치가 백성들의 편에 서서, 고혈을 빨아먹는 탐관오리들을 도술로 골탕 먹이며 다녔기 때문입니다. 그의 행위는 지배층의 권위에 대한 직접적인 조롱이자 도전이었죠. 환술로 탐관오리에게서 황금을 훔쳐 가난한 백성을 구제하는 소설 속 행적은 실제 인물의 반체제적 기질을 반영합니다.

전우치에 관한 기록 중에는 환술만으로 설명할 수 없는 기이하고 이상한 일화들이 많았습니다. 그의 행적을 단순한 광대의 재주로 치부하기 어렵게 만들었죠.

『청장관전서』에 실린「한죽당필기」에 따르면, 가정 연간에 큰 역질이 돌았을 때 전우치가 나타나 도술을 부려 역질을 물리쳤다고 하는데요. 단순한 눈속임이 아닌 도인의 영역에 해당하는 치유와 구제의 능력을 보여 줍니다.

『어우야담』을 보면 전우치가 '송도의 술사로 기억하지 못하는 책이 없었다'라고 하며, '산수간에 마음껏 노닐며 둔갑술과 몰귀술(귀신을 부리는 술법)을 얻었다'라고 기록하고 있는데요. 그의 능력이 도가(道家)의 정수를 담고 있으며, 그가 미관말직을 지내다가 사직하고 송도에 은거하며 도인(道人)으로 활약했다는 이야기를 뒷받침합니다. 조선 후기 문인 홍만종이 그를 '도사(道士)'라고 명확히 평한 것 역시 당대 지식인들이 그의 능력을 단순한 기예 이상으로 높이 평가했음을 의미하죠.

결국 전우치는 유교적 질서 안에선 받아들여질 수 없는 '몰락한 양반 출신의 기인'이었지만(『지봉유설』), 비주류 사상인 도가에 정통해 사회 모순에 대한 백성들의 억눌린 분노를 대리 해소하는 상징적인 존재로 자리매김했던 것입니다.

조선 후기, 문신 유몽인이
야사, 항담, 가설 등을 모아
엮은 야담집 『어우야담』

## 생사를 초월한 남자, 빈 관 미스터리

전우치와 관련된 기록의 정점은 그가 자신의 죽음마저도 속일 수
있었는지에 대한 의문입니다. 그의 죽음에 관한 기이한 기록들은,
그가 단순히 환술에 능한 정도가 아니라 인간의 생사(生死)를 조종
하는 신비한 영역에 발을 들였음을 암시하죠.

유몽인의 『어우야담』에 나오는 재령 군수 박광우와의 일화는 가

     기묘한 세계사의 미스터리

장 극적인 미스터리입니다. 박광우는 1536년 재령 군수였으며, 전우치와 돈독한 사이였습니다. 조정에서 전우치를 잡아 죽이라는 공문이 내려오자, 박광우가 전우치에게 이 사실을 알리죠.

전우치는 이를 듣고 허허 웃으며 "내 알아서 마땅히 처리하겠소"라고 말한 뒤 그날 밤 목을 매어 스스로 목숨을 끊었다.

스스로 죽음으로써 조정의 명을 무력화시킨 전우치. 박광우가 그의 장례를 치러 준 지 2년 후, 전우치가 멀쩡한 모습으로 다시 나타나 자신의 지팡이를 되찾아 갔다고 합니다. 이 부활의 미스터리는 그가 죽음을 위장하는 둔갑술이나 도교의 비술인 시해법(尸解法, 가짜 죽음)을 사용했을 가능성을 시사하는데요. 시해법은 육신을 세상에 남기고 신선이 되는 방법으로, 전우치가 도인의 경지에 이르렀음을 상징적으로 보여 주죠.

전우치의 죽음에 관한 미스터리는 여기서 그치지 않습니다. 차천로의 『오산설림(五山說林)』에는 '죽은 전우치가 나타나 멀쩡히 산 사람에게 『두부공시집(杜甫功詩集)』을 빌려 갔다'라고 기록되어 있는데요. 그가 죽은 후에도 여전히 세속과 연결되어 있었으며 그 행적이 귀신과 같았음을 보여 줍니다.

가장 결정적인 기록은 『어우야담』에 나오는 '빈 관(棺) 미스터리'

입니다. 전우치는 백성을 현혹시켰다는 명목으로 신천옥에 갇혀 옥사하자 가매장되었는데, 후에 친척들이 이장하려고 무덤을 파니 시체는 없고 관만 텅 비어 있었다는 것입니다.

이 기록들은 전우치가 자신의 육신을 벗어던지고 신선처럼 떠났거나 혹은 도술로 관을 속여 지배층의 감시를 완전히 벗어난 존재가 되었음을 암시하죠. 황해도 재령군에 전해지는 전우치의 묘는 그의 존재가 남긴 미스터리를 오늘날까지 이어 오고 있습니다.

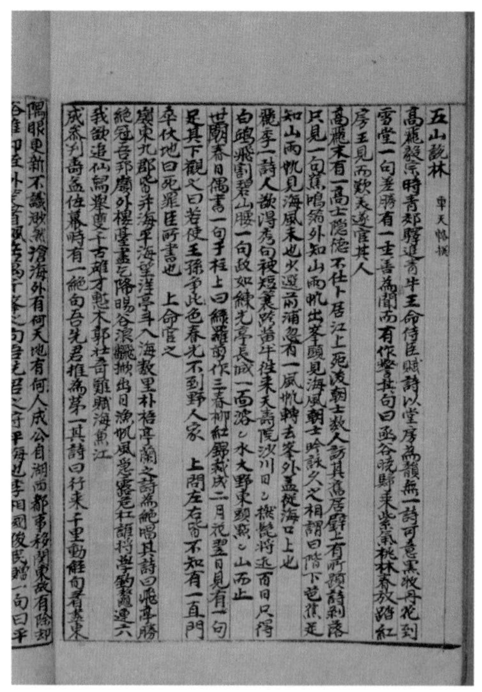

조선시대 문신 차천로가 여러 시편의 시화, 명인의 일화 및 사적 등을 수록한 시화집 『오산설림』

# 시대를 풍자한 영웅 서사, 전우치와 서경덕

전우치의 기행이 조선 후기에 이르러『전우치전(田禹治傳)』이라는 국문 소설로 정착하면서, 그의 미스터리는 사회 비판과 민중의 염원이 투영된 영웅 서사로 거듭납니다.

소설 속 전우치는 도술로 임금을 속여 황금 들보를 탈취해 굶주린 백성들에게 나눠 주는 통쾌한 행각을 벌이는데요. 탐욕스러운 지배층을 조롱하고 부조리한 사회 구조를 도술로 전복하려는 민중들의 잠재적 욕구가 반영된 것이죠.

그는 단순히 정의로운 영웅이라기보다 도술을 통해 개인의 즉흥적인 욕망과 쾌락을 추구하면서 동시에 사회적 약자를 돕는 양면적인 모습을 보입니다.

이러한 장난기 가득한 영웅상은 엄숙했던 유교 사회에 대한 유쾌한 풍자이자 서민들이 억압을 해소하는 카타르시스의 통로였다고 할 수 있겠습니다.

전우치 설화나 소설에서 빼놓을 수 없는 또 하나의 미스터리한 인물은 바로 그의 동시대 인물인 대유학자이자 도인인 화담(花潭) 서경덕입니다. 그 역시 송도에서 활동했던 실존 인물로, 뛰어난 철학적 깊이와 함께 도가적 능력을 겸비한 것으로 알려져 있죠.

소설의 여러 판본에서 전우치는 서경덕에게 패배하거나 혹은 그를 스승으로 모시며 도맥(道脈)의 일원이 될 자질을 갖추게 되는데요. 전우치가 가진 힘이 비록 신묘할지라도 서경덕이 상징하는 유학적 사유와 도가적 깨달음이 결합된 '진정한 도(道)'에는 미치지 못한다는 당대의 인식을 반영하고 있죠.

전우치의 도술이 즉흥적이고 때로는 사적 복수에 이용되는 '술(術)'의 영역이었다면, 서경덕의 도술은 세상을 이롭게 하고 질서를 바로잡는 '도(道)'의 경지였다고 할 수 있겠습니다.

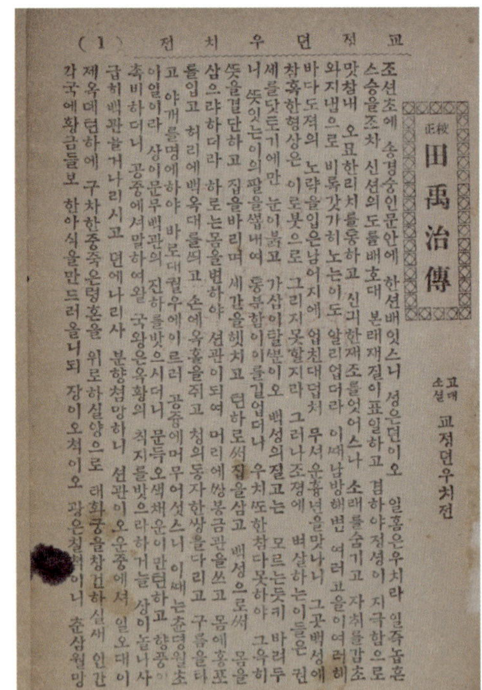

고전 소설 『전우치전』



기묘한 세계사의 미스터리

두 실존 인물의 충돌과 조화는 조선의 지식인들이 도술의 진정한 의미를 모색하고, 전우치라는 이단적 존재를 어떻게 주류 질서 안으로 포섭해 선한 영웅의 서사로 완성하려 했는지 보여 주는 흥미로운 문화적 현상입니다.

결론적으로, 조선에 실재했던 전우치는 단순한 환술사도 완전한 도사도 아니었습니다. 그는 유교적 굴레를 거부하고 비정통적 힘으로 시대의 모순에 맞선 경계인의 상징이었죠.

그의 삶은 기록과 구전, 소설을 통해 끊임없이 미스터리하게 재해석되는 한편, 오늘날까지도 우리에게 '진정한 도'란 무엇이며 억압적인 세상에 대한 저항이 어떻게 신비로운 영웅 서사로 승화될 수 있는지 질문을 던지고 있습니다.

# 일본으로 건너가 왕이 된 홍길동

## 율도국의 미스터리

## 소설 속 영웅, 실록에 기록된 대도적

홍길동은 조선 중기, 문신 허균이 지었다고 전해지는 우리나라 최초의 한글 소설 『홍길동전』의 주인공으로 우리에게 익숙합니다. 서얼(庶孽)로 태어나 아버지를 아버지라 부르지 못하고 형을 형이라 부르지 못하는 설움을 극복하고, 나라를 위협하는 부패한 세력을 물리치며, 활빈당(活貧黨)을 이끌어 백성을 구제하는 의적. 그는 봉건 사회의 억압적인 신분 제도와 민중의 저항 정신을 상징하는 아이콘입니다.

많은 이가 홍길동을 허구의 인물로 알고 있지만, 놀랍게도『홍길동전』은 조선 연산군 시절 실제로 활동했던 도적 '홍길동'을 모티브로 하고 있죠. 그의 존재는 국가의 공식 역사 기록인『조선왕조실록』에 명확히 남아 있습니다.

> 강도(強盜) 홍길동을 잡았으니 나머지 무리를 소탕하게 하라.
>
> -『조선왕조실록』1500년(연산군 6년) 10월 22일

실록에 따르면, 그는 1443년에 태어났고 1500년에 관군에게 붙잡혔습니다. 금부 위관(당시 심문 책임자) 한치형이 올린 보고서에 나포 당시 홍길동의 옷차림이 묘사되어 있는데, '갓 꼭대기에 옥 장식을 달고 붉은 허리띠를 두른' 그의 모습은 그가 단순한 도적 무리의 일원이 아니라 특정 이념을 상징하는 조직의 수령이었다는 걸 짐작하게 합니다. 이처럼 당시 홍길동의 존재감은 매우 커서, 「연산군일기」에는 그와 관련된 기록이 다섯 건이나 등장하죠.

한편『홍길동전』의 작가 허균이 활동했던 시기는 17세기 초로, 실존 인물 홍길동이 활동했던 15세기 말~16세기 초와는 약 100년의 시차가 있는데요. 허균은 당시 극심했던 서얼 차별에 대한 울분과 불만을 가진 지식인이었고, 그의 누이인 허난설헌 역시 불우한 삶을 살았죠.

『조선왕조실록』
「연산군일기」

하여 허균이 이상 사회를 꿈꾸는 염원을 담아, 민간에서 전설처럼 전해지던 '의적 홍길동' 이야기를 소설로 재창조했을 거라는 해석이 지배적입니다.

문제는 실록의 기록을 보면 홍길동이 1500년에 체포된 이후 그의 생사나 행보에 대해 더 이상 언급하지 않는다는 점입니다. 체포된 대도적이 어떻게 되었는지에 대한 공식적인 기록이 전무하다는 이 역사적 공백은 후대의 흥미로운 미스터리로 남게 되죠.

# 미지의 이상향, 율도국은 실존하는가?

실록이 침묵한 홍길동의 결말을 채우고자 많은 이가 『홍길동전』의 소설적 결말에 주목했습니다. 소설 속에서 홍길동은 조선 사회를 떠나 남쪽 바다의 율도국(栗島國)이라는 섬나라를 정복하고 그곳의 왕이 되죠.

> 남쪽에 율도국이란 나라가 있는데, 기름진 평야가 수천 리나 되어 실로 살기 좋은 나라이고 길동이 마음속으로 늘 그리던 곳이었다.

허균의 소설이 실존 인물을 모티브로 했듯, 소설 속 율도국 역시 실제 지리적 위치를 암시하는 게 아닐까 하는 의문이 제기되었는데요. 즉 1500년에 나포된 홍길동이 관군으로부터 기적적으로 탈출해 소설처럼 추종자들과 함께 한반도를 떠나 자신만의 이상향을 건설했을 거라는 가설입니다.

이와 관련해 수십 년간 홍길동을 연구했던 연세대학교 설성경 교수는 매우 흥미로운 주장을 펼친 바 있죠. 홍길동이 유배나 투옥 중 추종자 약 1천여 명을 규합해 조선을 탈출했고 그들이 정착해 율도국을 세운 곳이 바로 일본 오키나와 열도에 위치한 작은 섬, 이시가키섬(石垣島)일 가능성이 높다는 것입니다.

우리나라 최초의 한글 소설,
허균의 『홍길동전』

당시 이시가키섬을 비롯한 오키나와 일대는 유구국(琉球國, 류큐
왕국)의 통치 아래 있었는데요. 『조선왕조실록』에도 유구국은 조선
과 꾸준히 교류했던 나라로 기록되어 있으며, 특히 표류민 송환 등
인도적 교류가 활발했습니다. 설 교수가 주목한 건 바로 이시가키
섬 지역의 유구국 기록이었죠.

1500년 12월 5일, 한 명의 조선인이 유구국에 자신의 무리를 이끌
고 정착했다.

 기묘한 세계사의 미스터리

이 기록은 홍길동이 관군에게 체포된 해인 1500년과 일치합니다. 홍길동이 조선의 옥에서 사라진 직후, 대규모의 조선인 무리가 오키나와에 정착했다는 이 기록은 단순한 우연 이상의 미스터리를 담고 있죠. 당시 유구국 백성들은 과도한 수탈과 해적 떼의 횡행으로 매우 불안정한 삶을 살았는데, 새로운 지도자를 갈망하던 그들에게 조선에서 온 홍길동과 그의 추종자들은 구원자처럼 비쳤을 수 있겠습니다.

## 홍길동의 또 다른 이름, 홍가와라

이시가키섬에 정착한 조선인 영웅은 현지에서 '오야케 아카하지' 혹은 '홍가와라'라는 이름으로 불렸습니다. 이 영웅은 류큐 왕조를 몰아내고 해적 떼를 소탕하며 백성들의 존경을 한 몸에 받았는데, 주목할 건 '홍가와라'라는 이름입니다. 이 이름은 한자 그대로 풀이하면 '홍씨 성을 가진 왕[洪家王]'을 뜻하며, 홍길동의 성씨를 언급하는 것일 수 있죠.

더 놀라운 사실은 당시 일본, 특히 오키나와 일대에서 홍씨 성을 가진 인물이 전무했다는 점입니다. 유구국 기록에 등장하는 홍가와라는 일본에서 홍씨 성이 등장하는 최초의 기록인 셈인데요. 이

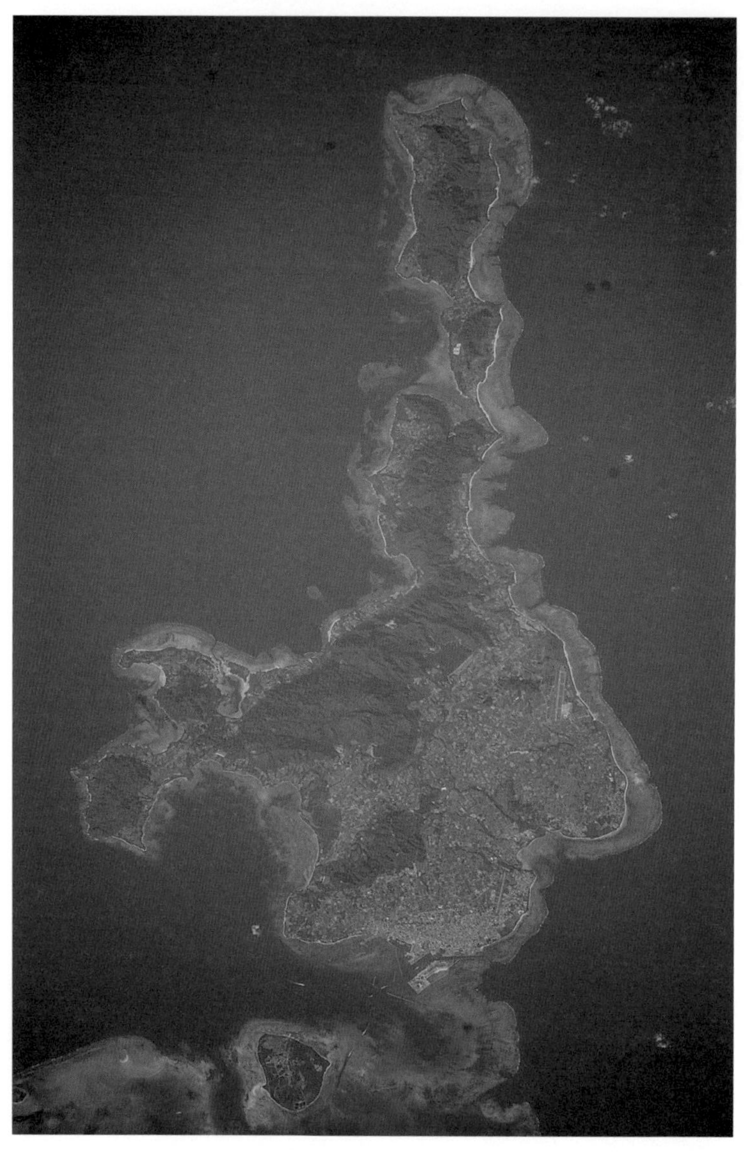

홍길동이 율도국을 세웠을 가능성이 높은 일본 오키나와의 이시가키섬



기묘한 세계사의 미스터리

름의 뜻과 성씨의 희소성으로 미뤄 볼 때, 홍가와라가 조선의 도적 홍길동일 가능성은 매우 높다고 하겠습니다. 이 이름은 홍길동이 자신의 조선식 성씨와 지도자로서의 정체성을 현지에서 확립했음을 보여 주는 강력한 단서입니다.

이른바 '홍길동-홍가와라 동일 인물설'을 뒷받침하는 건 고고학적 증거와 문화적 흔적들입니다. 대규모의 조선인 이주민들이 정착했음을 시사하는 단서들이 이시가키섬 곳곳에서 발견되고 있죠.

홍가와라가 등장한 시점을 기점으로 오키나와 근방에 돌잔치, 줄다리기 등 일본에 없던 조선 고유의 풍습이 생겨났습니다. 또 오키나와의 야에야마 박물관에는 당시 유구국 사람들이 사용하던 농기구가 보관되어 있는데, 그 모양새와 쓰임새가 조선의 농기구와 거의 일치하죠. 주변 지역에선 조선식 도자기와 칠기 등 한반도의 생활 문화를 담고 있는 유물들이 출토되었고요. 홍가와라가 근거지로 삼았던 구지천성(具志堅城)에선 고려 시대 화폐인 해동통보(海東通寶)가 다량으로 발굴되기도 했습니다.

더욱 결정적인 단서는 이 성의 축조 방식인데요. 기존 오키나와 성의 얇은 돌을 포개는 양식과 달리 자연석을 거칠게 쌓아 올린 형태로 축조되었는데, 홍길동의 실제 근거지였다는 충청남도 공주 무성산성(武城山城)의 축조 방법과 놀랍도록 유사합니다.

이러한 물적 증거들은 홍길동이 무리를 이끌고 이주했을 뿐만

홍길동을 언급하는 대상일 수 있는 '홍가와라'가
근거지로 삼았던 구지천성에서 다량 발굴된 해동통보

아니라 조선의 건축 기술과 생활 문화를 이식해 새로운 공동체를
건설했음을 방증합니다. 또한 이시가키섬의 유구국 시절 족보에
는 윤씨, 나씨, 김씨 등 조선 성씨를 가진 사람들과의 혼인 기록이
여럿 관찰되어 이주민 집단의 존재를 뒷받침하고 있습니다.

# 계획적인 망명, 타국에 세운 율도국

설 교수는 홍길동의 이주가 단순히 우발적 표류가 아닌 치밀하게 계획된 망명이었을 것으로 추측합니다. 그 근거로 홍길동이 나포될 무렵인 1451년부터 1500년 사이, 오키나와의 유구국 사신이 조선에 무려 여덟 차례나 드나들었던 기록을 제시하고 있는데요.

홍길동은 조선 사회에서 신분제의 굴레를 벗어날 수 없다는 걸 깨닫고 오키나와 사신을 통해 유구국의 지리적·정치적 정보를 입수했을 수 있습니다.

특히 유구국의 수탈과 해적 때문에 고통받는 이시가키섬이야말로 자신의 활빈 정신을 실현할 수 있는 무주공산(無主空山)의 이상향, 즉 율도국을 건설할 최적의 장소로 판단했을 것입니다. 지리적으로 오키나와는 한반도와 가까워, 조직적인 해상 이동이 불가능하지 않았을 것이고요.

홍길동이 이역만리 타국의 외딴 섬에서 자신의 이상인 '신분 없는 평등 사회'를 구현하고 왕이 되었다는 이 가설은, 『홍길동전』의 서사를 역사적 리얼리티로 끌어올리는 극적인 미스터리입니다.

홍가와라는 현재까지도 이시가키섬과 오키나와 인근에서 자유와 평등의 영웅으로 추앙받고 있습니다. 그가 세상을 떠난 후 마을 주민들이 세운 추모비에는 다음과 같은 문구가 새겨져 있는데요.

‘인정을 베풀고 노인을 존경하며 아이를 보호했던 인물’이라고 말이죠. ‘재물을 탈취해 가난한 사람을 돕는다’라는 홍길동의 활빈(活貧) 이념을 완벽하게 보여 줍니다.

홍길동-홍가와라 동일 인물설은 국내 학계를 넘어 일본의 역사학자들 사이에서도 심도 있게 논의되고 있습니다. 조선의 대도적이 일본 열도의 섬나라에서 이상을 실현한 왕이 되었다는 미스터리는 역사의 국경을 넘어선 영웅 서사로 영원히 기억될 것입니다.



기묘한 세계사의 미스터리

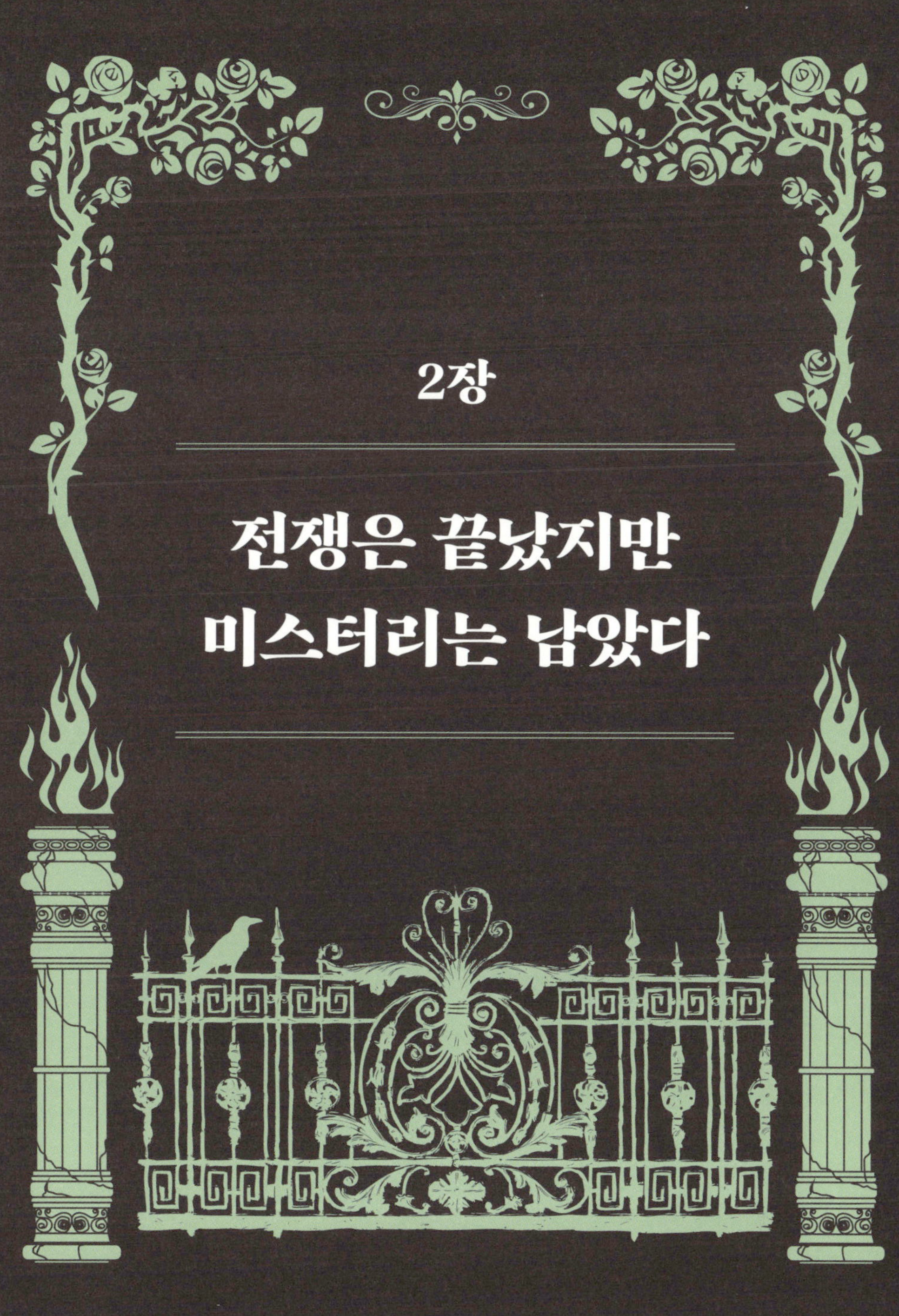
2장

전쟁은 끝났지만
미스터리는 남았다

# 수천 년 청동기 시대를 파괴한 미스터리

기원전 1200년, 바다에서 온 정체불명 침략자

## 기원전 1200년, 세계는 왜 침묵했는가

찬란했던 문명이 한순간에 멸망했습니다.

세계 최초로 강철을 만들어 냈다고 하는 군사 국가 '히타이트 제국(Hittite Empire)', 유럽 최초의 문명을 건설하며 에게해를 호령했던 '미노아 문명(Minoan civilization)', 고도의 건축술과 정교한 금속 세공술을 자랑했던 '미케네 문명(Mycenaean civilization)' 등 찬란하게 빛났던 이 지중해 연안의 고대 국가들이 기원전 1200년경, 마치 약속이라도 한 듯 동시다발적으로 무너져 내렸죠.

   기묘한 세계사의 미스터리

이집트 가자지구에서 트로이에 이르기까지 번성했던 수많은 대도시가 하루아침에 잿더미가 되었고, 살아남은 문명조차 회복 불가능한 상처를 입고 몰락의 길을 걸었습니다. 불과 50년 남짓한 짧은 기간 동안 동부 지중해 전체를 파국으로 몰아넣은 충격적인 사건이었죠.

학자들은 이 시기를 '후기 청동기 시대의 붕괴(Late Bronze Age Collapse)'라고 부릅니다. 청동기 시대가 끝나고 철기 시대가 시작되는 전환기와 겹치죠. 수많은 문자와 기록이 사라졌고, 발달했던 기술의 맥이 끊겼으며, 세상은 '암흑 시대(Dark Age)'로 퇴보하고 말았습니다. 당시 경제의 큰 축을 담당하던 문명과 왕국들이 줄줄이 망했으니, 지중해 연안 전체의 경제력도 침체되었던 것입니다.

이처럼 동시대에 형성된 광대한 범위의 지층에서 문명 괴멸의 흔적이 관찰되는 현상을 '파괴지층(Destruction Layer)'이라고 부르는데요. 이 시기의 주요 도시 유적지에선 불에 탄 방화의 흔적이 관찰되며, 지층에선 살해된 희생자들의 유골이 무더기로 발굴된다고 하죠. 도대체 무엇이 이 거대한 문명 연합체를 파괴의 구렁텅이로 몰아넣었을까요?

그 중심에는 당대 모든 기록이 한목소리로 언급하는 '바다민족(Sea Peoples)'이라 불린 정체불명의 집단이 있습니다. 고대사의 풀리지 않는 미스터리 중 하나죠.

# 모든 땅과 사람이 모래처럼 흩어졌다

바다민족은 마치 재앙처럼 출현했습니다. 그들의 출몰로 인류 최초의 주요 제국 중 하나인 히타이트 제국과 고대 그리스의 청동기 시대 중 마지막 단계에 해당하는 미케네 문명은 흔적도 없이 사라졌고, 가까스로 살아남은 고대 이집트조차 치명적인 타격을 입고 쇠퇴하기 시작했죠.

바다민족이 얼마나 맹렬하고 무자비했는지는 당시의 기록을 통해 생생하게 확인할 수 있습니다. 이집트 메디네트 하부 대신전(Medinet Habu Temple)에 새겨진 비문에는 당시 이집트 제20왕조 제2대 파라오 람세스 3세가 델타 전투(Battle of the Delta)에서 바다민족을 격퇴한 기록이 남아 있죠.

바다에서 온 자들이 음모를 꾸몄다. 그들의 공격에 모든 땅과 사람들이 모래처럼 흩어졌다. 그들의 공격에 견딜 수 있는 자들은 아무도 없다. 위대한 도시들은 처음부터 존재한 적 없었던 것 같은 불모지가 되었고 사람들은 어른 아이 할 것 없이 몰살당했다. 이제 그들이 이집트를 향해 몰려오기 시작한다.

고대 도시국가들의 절박했던 상황은 발굴된 점토판 기록에 고스란히 담겨 있습니다. 기원전 1200년경 당시 상업 중심지였던 시리아의 대도시 우가리트(Ugarit)에서 발견된 점토판에는 이웃 나라 왕에게 보내는 긴박한 구조 요청이 기록되어 있습니다.

적들이 몰려와 내 나라를 불태우고 있다. 왕국의 병력과 전차들은 히타이트 제국을 돕고자 파견되었다. 내 나라는 지금 버려졌다.

또한 미케네 문명의 주요 도시였던 필로스(Pylos)에서 발견된 점토판에는 창을 만들 청동이 부족해 신에게 바친 성물까지 녹여 무기를 제작하려 했던 절박함이 묻어납니다.

바다 약탈자들이 관측되었다. 보초병을 급파하고 해안 요새들의 방어를 강화하라. 각 신전들에 전령을 파견해 청동으로 된 성물들을 가져오라. 창을 만들 청동이 부족하다.

이 기록들은 도시 전체가 불바다가 되면서 점토판이 고열에 구워져 역설적으로 3천 년이 지난 지금까지 보존될 수 있었습니다.

바다민족은 단순한 침략자가 아니었습니다. 19세기 프랑스의 고고학자이자 이집트학자 엠마뉴엘 드 루제의 말처럼, 그들은 전

기묘한 세계사의 미스터리

고대 이집트 파라오 람세스 3세와의
델타 전투에서 패퇴해 퇴각하는 바다민족

쟁 후 정복지 주민을 노예로 삼거나 신 국가를 건설하는 대신 맹목적 파괴와 학살만 반복하다가 홀연히 역사에서 사라졌습니다. 애초에 '정복'이 아니라 '문명 말살'을 목적으로 했던 것처럼 말이죠.

## 수수께끼의 해양 연합체

바다민족에 대한 정보가 극히 단편적인 이유는, 그들을 기록할 수 있었던 대부분의 문명이 다름 아닌 그들의 손에 멸망했기 때문입니다. '바다민족'이라는 명칭 자체도 고대 때부터 사용된 게 아니라, 1850년대 이집트 메디네트 하부 비문을 해독한 엠마뉴엘 드루제가 명명한 것이죠.

한편 람세스 3세의 델타 전투 승전을 기록한 신전 벽의 부조에는 깃털 모자를 쓰고 둥근 방패와 긴 창을 든 침략자들의 모습이 생생하게 새겨져 있습니다.

이집트 기록과 다른 고대 문헌을 종합해 볼 때, 바다민족은 단일 민족이 아니었으며 제커(Tjeker), 세켈레쉬(Shekelesh), 데니엔(Denyen), 웨세쉬(Weshesh) 등 다수의 해양 민족으로 구성된 연합체였음이 밝혀졌죠. 그들은 '바다' 또는 '어떤 섬'에서 왔으며, 당시로선 혁신적으로 발전된 무기를 사용했던 것으로 보입니다.

 기묘한 세계사의 미스터리

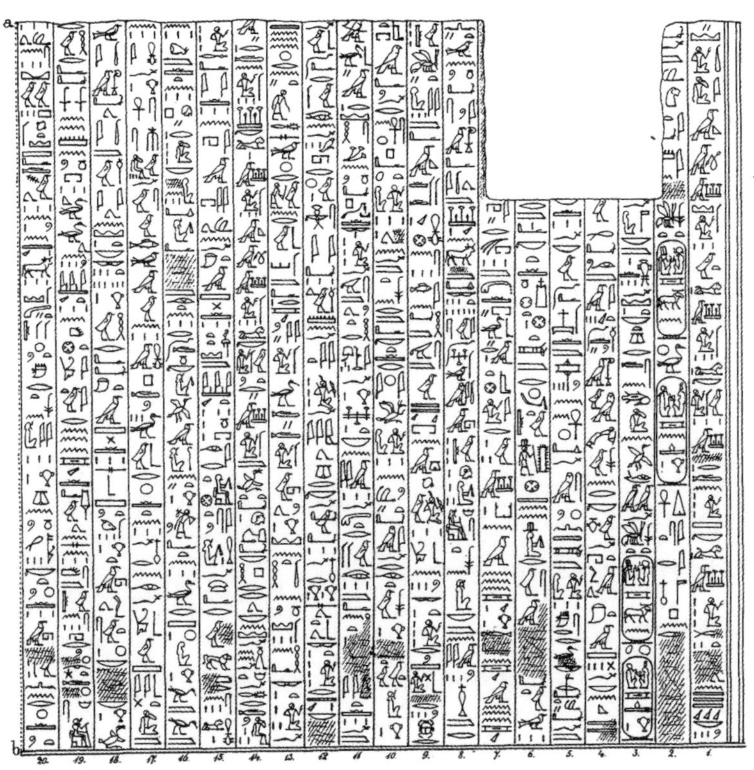

이집트 제19왕조 제4대 파라오 메르넵타의
카르나크 대비문(Great Karnak Inscription). 총 79행으로 이뤄져 있으며,
52행에서 '바다의 이방 민족들(n3 ḫ3s.wt n⟨.t⟩ p3 ym)'이라고 언급하고 있다

하지만 그들의 기원과 목적에 대해선 여전히 미스터리로 남아
있는데요. 이 미스터리는 고대사 연구자들로 하여금 수많은 가설
을 낳게 했죠.

## 가설 1: 아틀란티스의 생존자들인가?

일부 고대사 연구가들은 바다민족이 전설 속 대륙 '아틀란티스(Atlantis)'의 생존자들일 수 있다는 매혹적인 가설을 제시합니다. 플라톤이 기록한 아틀란티스는 홍수와 지진으로 하루아침에 멸망한 초고대 문명인데요.

아틀란티스인의 후손들이 새로운 거주지를 찾아 침략 전쟁을 일으켰다는 주장인데, 바다민족이 당대 문명으로는 설명하기 어려운 압도적인 군사력을 보유했던 점 그리고 맹목적 파괴 이후 홀연히 사라진 점과 연결 지을 때 신비주의자들의 상상력을 자극합니다.

흥미롭게도, 플라톤의 저서 『크리티아스(Kritias)』에는 아틀란티스가 바다의 신 포세이돈이 세운 국가이며 또 그의 첫째 아들 아틀라스의 이름을 따 명명되었다는 구절이 있습니다.

한편 포세이돈은 메소포타미아와 레반트 지역에서 숭배되었던 반인반어(半人半魚)의 해양 신 '다곤'과 동일시되곤 했는데요. 실제로 이 두 신은 지중해 문화권에서 본질적으로 같은 기원을 가진 신으로 여겨졌습니다.

만약 아틀란티스가 다곤을 숭배했던 국가라면, 아틀란티스는 곧 바다민족 중 하나였던 블레셋인(Philistines)을 포함한 지중해 해양 민족의 뿌리가 될 수도 있습니다.

성경 속에서 이스라엘 민족의 적으로 나오는 블레셋인은 바다

 기묘한 세계사의 미스터리

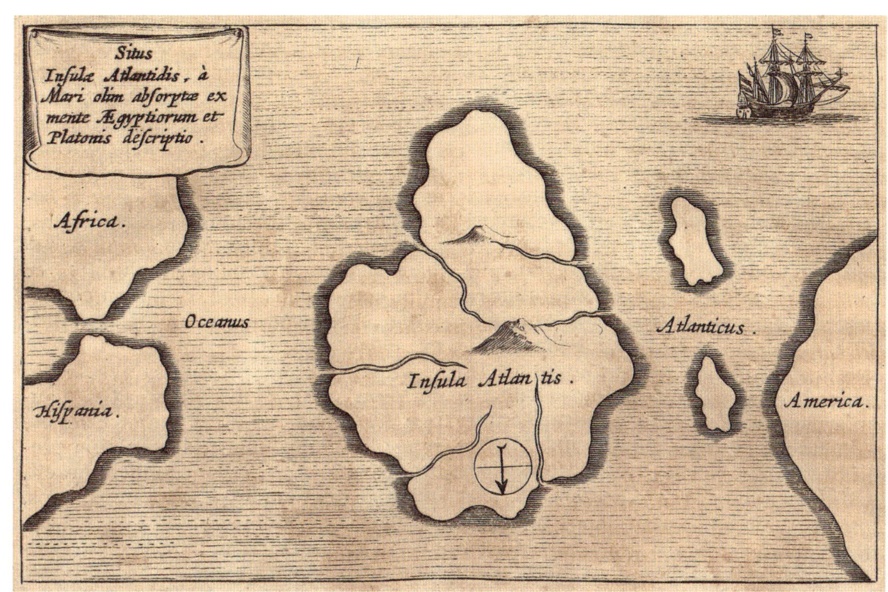


플라톤의 『티마이오스』와 『크리티아스』에
묘사된 아틀란티스

민족의 주요 구성원 중 하나였으며, 실제로 가나안 남부 해안에 정착했던 것으로 이집트 부조에 기록되어 있죠.

블레셋인이 바다민족 중 가장 문명화되었고 진보한 철기 문화를 지녔던 점은 초고대 문명 아틀란티스와의 연결고리를 찾는 이들에게 매력적인 단서로 작용합니다.

## 가설 2: 복합 재앙이 낳은 난민과 해적의 연합

현대 역사학계에선 바다민족을 아틀란티스의 후예보다 복합적 환경 재앙의 결과물로 보는 시각이 더 우세합니다. 청동기 시대의 붕괴는 바다민족의 침략뿐만 아니라 여러 가지 원인이 동시다발적으로 작용한 결과라는 것이죠.

최근의 고고학과 고대 지리학 연구는 기원전 13세기 말부터 기원전 12세기에 걸쳐 지중해 동부 전역에서 장기간의 극심한 가뭄과 기후 변화가 발생했음을 입증하고 있습니다. 농업 생산성이 급감하고 기근이 만연해지자, 식량을 찾아 대규모 인구 이동이 발생했다는 것이죠.

벨기에의 아시리아·이집트 학자 마크 반 데 미에룹은 바다민족의 무리 속에 여성과 어린이, 생활용품을 실은 수레가 포함되어 있었다는 이집트 기록에 주목합니다. 단순한 침략군이 아닌 살 곳과 먹을 것을 찾아 나선 대규모 난민 집단의 모습을 연상시키죠.

바다민족은 본래 그리스, 에게해 섬, 아나톨리아 서부 등지에서 온 다양한 민족들이었으며, 그들 중 일부는 청동기 시대가 끝나기 수백 년 전부터 이집트나 히타이트에 용병으로 고용되기도 했습니다. 하지만 기후 변화로 인한 극심한 사회 혼란 속에서 생존을 위해 해적 행위나 약탈에 의존하기 시작했고, 점차 거대한 해양 연합체를 이뤘다는 해석이 설득력을 얻고 있는 것입니다.

장거리 무역으로 연결된 청동기 문명은 구리와 주석 같은 핵심 원자재의 공급망이 끊어지자 급속도로 무너졌습니다. 가뭄, 지진, 내부 반란, 그리고 '바다민족'이라는 결정적 타격이 더해지면서 찬란했던 고대 문명은 돌이킬 수 없는 파국을 맞이했죠.

바다민족의 정확한 실체와 그들이 역사를 뒤흔든 배경은 여전히 고대사의 거대한 미스터리로 남아 있습니다. 그들은 문명을 파괴하고 세상을 암흑 시대로 몰아넣은 파괴자였지만, 동시에 복합 재앙 속에서 생존을 위해 몸부림친 난민들의 집합체였을지도 모르죠.

오늘날까지도 학자들은 인류 역사상 가장 드라마틱했던 이 붕괴의 원인을 파헤치고자 고대 문명의 잔해 속에서 단서를 찾고 있습니다.

# 제2차 세계대전의 기묘한 전우

## 맥주와 포탄을 나른 불곰, 하사 보이텍

## 전설의 시작, 이란에서 온 불곰

1944년, 제2차 세계대전의 격전지 중 하나였던 이탈리아 전선의 몬테 카시노(Monte Cassino). 연합군과 맞서던 나치 독일군은 눈앞에 펼쳐진 광경에 경악을 금치 못했습니다. 거대한 몸집을 자랑하며 45킬로그램에 달하는 포탄 상자를 가벼운 짐처럼 들어 나르는 존재, 전설 속 거인과도 같은 군인의 정체가 드러났을 때 독일군은 기겁합니다. 그건 사람처럼 두 발로 서서 포탄을 운반하는 불곰, '보이텍'이었죠.

보이텍의 이야기는 1942년 4월, 이란의 반다르에안잘리에서 시작됩니다. 당시 소련을 탈출해 테헤란으로 향하던 폴란드 망명 정부 소속의 폴란드군 제2군단 병사들은 행군 중 한 어린 목동에게서 어미를 잃은 어린 시리아불곰을 발견합니다. 목동은 사냥꾼의 총에 어미를 잃은 아기 곰을 불쌍히 여겨 우유를 먹여 가며 키우고 있었지만, 그 또한 식량조차 구하기 힘든 상황이었죠.

이 아기 곰에게 매료된 폴란드군 비에니아바 드우고쇼프스키 장군의 조카딸 이레나 보키에비치는 군인들을 설득해 곰을 데려

폴란드 군인과 보이텍

가자고 주장합니다. 결국 병사들은 목동에게 통조림 등의 음식을 건네고 아기 곰을 사들였죠. 이후 아기 곰은 테헤란 근처의 폴란드 난민 캠프에서 이레나의 보살핌을 받으며 건강하게 자랐습니다.

하지만 이레나는 난민 캠프를 떠나야 했고 아기 곰은 폴란드군 제2군단 제22포병 보급중대에 기증되었죠. 병사들은 아기 곰에게 '행복한 전사' 혹은 '전쟁을 즐기는 자'라는 뜻의 슬라브어 '보이텍 (Wojtek, Wojciech에서 유래)'이라는 이름을 붙여 줬습니다.

## 인간화된 곰 병사, 보이텍 이병

어려서부터 우유, 꿀, 과일, 채소 등 채식 위주의 식단을 고수했던 보이텍은 폭력적인 성향 없이 온순하고, 사람들을 잘 따랐습니다. 병사들은 연유를 담은 빈 보드카 병으로 보이텍에게 먹이를 줬는데, 병사들이 병을 잡는 모습을 흉내 내 양손으로 병을 잡고 연유를 마시는 법을 배웠습니다. 시간이 지나 연유 대신 맥주를 접한 보이텍은 그 맛에 완전히 사로잡혀 부대 내에서 유명한 애주가가 되었죠.

보이텍은 몸집이 점점 커져 성체가 되었음에도 병사들과 함께 막사에서 잠을 잤고, 병사들 역시 보이텍을 껴안고 잠들 정도로 친

     

밀했습니다. 그는 군인들의 모든 행동을 따라 하고 싶어 했죠. 병사들을 따라 두 발로 서서 샤워를 하고, 경계병 옆에 우두커니 서서 함께 보초를 섰으며, 심지어 순찰 코스를 외워 혼자 산책 겸 순찰을 돌기도 했습니다. 믿기 힘든 광경이었죠.

더 나아가 보이텍은 스스로를 사람이라 여기는 듯 행동했습니다. 병사들과 같은 시간에 일어나 커피를 마시고, 심지어 담배를 피우기도 했는데 뱃사람처럼 담배를 씹어 즐겼다고 합니다. 또한 경례하는 법까지 배워서는 지나가는 병사들에게 경례를 했는데, 끝모를 전쟁으로 지친 병사들에게 큰 웃음과 위안을 안겼습니다.

폴란드군인과 레슬링을 즐기는 보이텍

보이텍이 가장 즐거워한 시간은 병사들과 함께하는 레슬링 시합이었는데요. 그는 결코 폭력을 사용하지 않았지만, 압도적인 힘으로 병사들을 땅바닥에 굴리곤 했습니다. 보이텍은 부대 내 레슬링 시합에서 단 한 번의 패배도 기록하지 않은 무패의 챔피언이었죠.

이 온순한 불곰은 놀랍게도 부대 내에 잠입한 독일군 스파이를 두 차례나 잡는 공을 세우기도 했습니다. 어둠 속에서 거대한 곰과 마주친 스파이들은 비명을 질렀고, 소동에 놀란 병사들이 그들을 붙잡을 수 있었죠. 보이텍은 그 공로로 따뜻한 물이 가득한 욕조에서 원 없이 맥주를 마시는 포상을 받았습니다.

폴란드군 제2군단이 이집트에서 영국군과 합류해 이탈리아 전선으로 이동했을 때, 문제가 발생했습니다. 영국 수송선이 이른바 '애완동물'의 탑승을 허가하지 않았던 것인데요. 하지만 부대원 누구도 보이텍을 두고 갈 생각은 없었습니다. 그때 누군가 기발한 아이디어를 냈습니다. "보이텍은 애완동물이 아니야. 우리들의 동료지. 지금부터 보이텍은 이병이야!" 하고 말이죠.

제22포병 보급중대는 즉시 보이텍을 정식 군인으로 등록하고 이병 계급을 부여했습니다. 급여 장부, 일련번호, 그리고 계급장까지 일사천리로 진행되었죠. 그렇게 '보이텍 이병'은 가슴에 계급장을 달고 당당히 수송선에 탑승할 수 있었습니다. 황당하기 이를 데 없는 영국군이었지만, 병사들과 각을 맞춰 서 있는 불곰 병사를 막

보이텍이 배속된
제22포병 보급중대 깃발

을 수 없었습니다. 보이텍은 이로써 공식적으로 군인 신분을 얻었으며, 급여는 받지 않는 대신 일반 병사보다 두 배 많은 식량 배급을 받게 되었습니다.

1944년 5월, 보이텍의 소속 부대는 이탈리아 전선의 최대 격전지 중 하나인 몬테 카시노 전투에 투입되었습니다. 로마로 가는 길목에 위치한 험준한 산악 요새는 독일군의 강력한 방어선인 '겨울선(Winter Line)'의 핵심 거점으로, 이미 여러 차례 연합군의 공격을 좌절시킨 곳이었죠.

특히 폴란드군은 독일의 침공으로 조국을 잃은 설움과 분노를 '우리와 당신의 자유를 위해!(Za naszą i waszą wolność!)'라는 구호 아래 나치 독일에게 복수하겠다는 강렬한 의지로 무장하고 있었습니다. 당시 독일군 소대장의 증언("폴란드군은 모든 점에서 이성을 상실한 듯 보였다. 그들은 흡사 이 전투에서 전원이 몰살당하길 진심으로 원하고 있는 것처럼 보일 지경이었다.")에서도 드러날 만큼 처절하고 광기 어린 투지였죠.

치열한 포격이 오가는 가운데, 제22포병 보급중대원들은 사력을 다해 포탄 상자를 나르고 있었습니다. 병사들이 피땀 흘리며 힘겹게 45킬로그램짜리 포탄 상자를 운반하는 모습을 지켜보던 보이텍은, 아무도 시키지 않았음에도 자발적으로 동료들을 돕기 시작했죠.

보이텍은 폭음이 빗발치는 전장의 소란에도 동요하지 않고 묵묵히 그리고 정확하게, 양손에 포탄 상자를 들고 운반했습니다. 그의 육중한 몸과 강력한 힘 덕분에 보급 작업의 속도는 크게 단축되었고, 폴란드군은 더욱 많은 포탄을 적진에 쏟아부을 수 있었죠. 보이텍은 포탄 상자를 한 번도 떨어뜨리지 않는 놀라운 집중력과 임무 수행 능력을 보여 줬습니다.

결국 몬테 카시노 전투는 폴란드군을 포함한 연합군의 승리로 막을 내렸습니다. 이 승리의 공로를 인정받아 보이텍은 '상병'으로 진급할 수 있었죠. 그는 더 이상 부대의 마스코트가 아닌, 진정한 전우이자 전쟁 영웅으로 거듭났습니다.

## 전쟁이 끝난 후, 쓸쓸한 말년

1945년 전쟁이 끝난 후, 보이텍이 속한 중대는 스코틀랜드의 원 필드 비행장으로 이동했습니다. 보이텍은 그곳에서 지역 주민들과 기자들의 큰 관심을 받으며 평화로운 시간을 보냈죠. 그는 폴란드-스코틀랜드 협회의 명예 회원으로 정식 가입되기도 했으며, 환영 행사에서 맥주를 마시며 환호성을 받았습니다.

그러나 1947년 11월 15일, 자유 폴란드군이 해체되면서 보이텍의 평화도 끝이 나고 말았습니다. 고국 폴란드가 공산화되면서 중대원들은 영국 등 다른 나라로 뿔뿔이 흩어졌고, 갈 곳이 없어진 보이텍은 결국 스코틀랜드의 에든버러 동물원으로 옮겨졌기 때문이죠.

에든버러 동물원의 인기 스타가 되었음에도 불구하고 보이텍은 전혀 행복해 보이지 않았습니다. 동물원의 다른 곰들과 어울리지 못하고 점점 침울해져 갔죠. 그가 활기를 되찾는 순간은 오직, 예비역이 된 전우들이 동물원을 찾아왔을 때뿐이었습니다.

중대원들은 보이텍을 남겨 둘 수밖에 없었던 안타까움과 미안함에 수시로 동물원을 찾았습니다. 사육사 몰래 담을 넘어 들어가 보이텍과 레슬링을 하거나, 맥주와 담배를 몰래 같이 즐기기도 했죠. 전우들의 방문은 보이텍 삶의 유일한 낙이었습니다.

시간이 흘러 그들의 발길도 줄어들자, 보이텍은 혹시나 동료가 아닐까 싶어 관광객들 중 폴란드말을 하는 사람에게 다가가 얼굴을 확인하기도 했다고 전해집니다.

1963년 12월 2일, 보이텍은 22세의 나이로 자연사했습니다. 사람 나이로 환산하면 약 70세에 해당하죠. 그의 사망 소식은 영국 방송에서 "유감스럽게도 유명한 폴란드 군인이 세상을 떠났다"라고 보도될 만큼 큰 슬픔을 안겼습니다.

보이텍은 전역 후 하사로 최종 계급이 확정되었으며 현재 폴란드, 스코틀랜드, 이탈리아 등지에 그의 업적을 기리는 수많은 기념비와 동상이 세워져 있습니다.

그는 단순히 신기한 동물이 아닌 전쟁의 고통 속에서 피어난 인간과 동물의 특별한 우정을 상징하며, 자유 폴란드군의 불굴의 투지를 보여 준 군인으로 영원히 기억되고 있습니다.

# 알렉산더 대왕, 하늘의 불꽃을 보다

## 불타는 하늘, 날아다니는 방패

### 고문헌 속 기묘한 기록들, 은빛 방패의 출현

✦

마케도니아의 젊은 왕 알렉산드로스 3세, 흔히 영어 이름인 '알렉산더 대왕'이라고 부르는 인물은 인류 역사상 가장 위대한 정복자 중 한 명입니다. 20세에 왕위에 올라 32세의 나이로 요절하기까지, 그는 고작 12년 만에 그리스에서부터 이집트, 페르시아 제국을 넘어 동쪽으로 인도에 이르는 광대한 제국을 건설했죠.

그의 발자취는 역사와 전설이 되어 오늘날까지 전해지는데, 그 중에는 상식을 뛰어넘는 기묘한 이야기들도 포함되어 있죠. 그가 전쟁 중에 미지의 비행 물체, 즉 UFO를 목격했다는 주장입니다.

이 미스터리는 1950년대 미국 작가 프랭크 에드워즈의 손에서 시작되었는데요. 그는 알렉산더 대왕의 전쟁 일화가 담긴 고문헌을 탐독하던 중, 현대인의 시각으로도 도저히 설명하기 힘든 기이한 기록을 발견했다고 주장했습니다.

기록에 따르면, 기원전 329년 알렉산더 대왕이 군대를 이끌고 페르시아 제국의 경계인 작사르테스강을 건널 때 밤하늘에 갑자기 정체불명의 물체가 나타났습니다. 알렉산더 대왕은 이를 '불을 뿜는 커다란 은빛 방패'라고 묘사했다고 하죠.

그들은 알렉산더 대왕의 군대가 진격하는 반대 방향에서 강에 잠수했다가 날아오르기를 반복했다. 앞서가던 군인들과 전쟁 코끼리, 말들이 모두 겁에 질려 혼비백산했고, 결국 군대가 강을 건너는 걸 포기하자 비행 방패들은 돌연 하늘로 사라졌다.

- 프랭크 에드워드가 발견했다는 기록 중에서

이 기록은 에드워즈의 저서 『과학보다 이상한 것(Stranger than Science)』(1959)에 실리면서 큰 파장을 일으켰습니다. 정복자의 발길을 멈춘 이 비행 물체는 곧바로 학계와 대중 사이에서 UFO 논쟁을 촉발했죠.

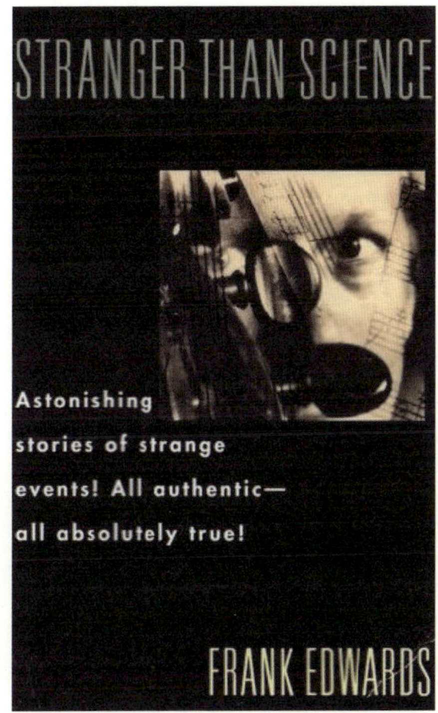



프랭크 에드워드의 저서
『과학보다 이상한 것』

　　에드워즈의 주장은 출처 불명확으로 학계의 거센 비판에 부딪혔는데요. 하지만 그의 발언을 뒷받침하는 또 다른 주장이 1966년에 등장했습니다. 이탈리아의 UFO 연구가 알베르토 페노글리오는 19세기 독일의 역사가 요한 구스타프 드로이젠의 저서에서 또 다른 비행 방패의 기록을 발견했다고 발표했죠.

　　그의 주장에 따르면 기원전 332년, 난공불락의 요새 도시 티레를 포위 공격하던 알렉산더 대왕의 군대 위로 기묘한 비행체들이 나타났습니다.

요새는 굴복하지 않았다. 높은 성벽은 어떤 공성 무기로도 손상시킬 수 없을 만큼 견고했다. 어느 날, 마케도니아 진영 위에 '비행 방패'가 나타났다. 매우 커다란 방패를 주축으로 그 절반 크기 되는 방패들이 삼각 편대를 이루며 날아다녔고, 개수는 총 다섯 개였다. 양쪽 수천 명의 전사들은 모두 놀라 하늘을 올려다봤다. 갑자기 가장 큰 방패에서 번개가 내리쳐 티레의 성벽을 강타했고, 뒤이어 다른 방패들에게서도 번개가 뿜어져 나왔다. 그러자 성벽과 탑은 진흙처럼 녹아 버렸다. 비행 방패들은 폭풍우와 함께 상공을 맴돌다가 매우 빠른 속도로 날아 사라졌다.

- 알베르토 페노글리오가 해석한 기록 중에서

이 기록에 따르면, 비행 방패가 이번에는 알렉산더 대왕의 정복을 돕는 역할을 했죠. 3년의 간격을 두고 목격된 두 번의 비행 방패 출현은, 신비론자들 사이에서 외계 존재가 알렉산더 대왕의 정복 활동에 균형을 맞추고자 관여했다는 흥미로운 가설까지 낳았습니다.

# 역사학적 반론, 환상인가 오해인가

이처럼 매혹적인 미스터리에도 불구하고, 주류 역사학계는 프랭크 에드워즈와 알베르토 페노글리오의 주장 모두를 신뢰할 수 없는 기록이라고 일축했습니다.

동시대의 방대한 역사 문헌, 특히 알렉산더 대왕에 관해 광범위하게 기록했던 고대 역사가 플루타르코스와 퀸투스 쿠르티우스 루푸스의 저술 어디에서도 '날아다니는 방패'에 대한 언급이 없었기 때문이죠.

시간이 흘러 2009년 프랑스의 고고학자 야니스 델리야니스는 이 미스터리를 심층적으로 파헤쳤고, 페노글리오가 해석했다는 티레 공성전 기록에 대한 가장 현실적인 반론을 제시했습니다. 그는 티레 공성전의 다른 기록에서 유사한 내용을 발견했죠.

티레인들은 청동 방패를 맹렬한 불로 가열하고 거기에 뜨거운 모래와 끓는 오물을 채운 뒤 성벽 위에서 던졌다. 달군 모래들이 마케도니아 병사들의 흉갑 사이로 들어가면, 그들은 무기와 갑옷을 던져 버리고는 반격할 생각조차 하지 못했다.

- 알렉산더 대왕의 티레 공성전 기록 중에서

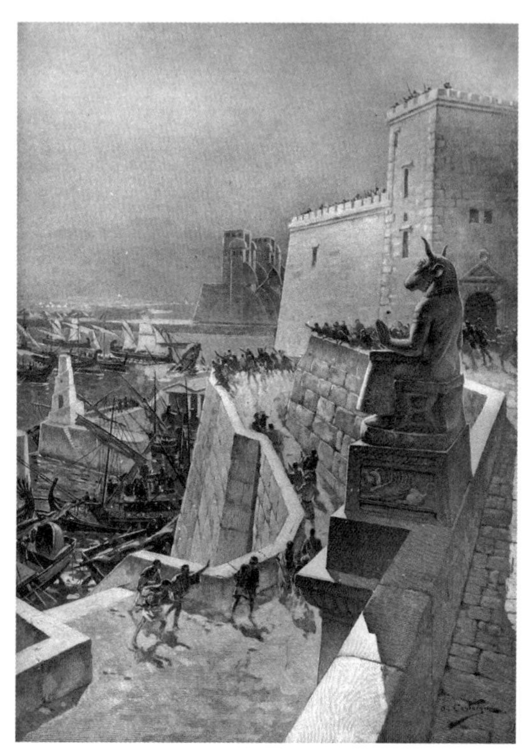

알렉산더 대왕의
티레 공방전

델리야니스는 페노글리오가 말한 '날아다니는 방패'가 실제로는
티레인들이 성벽 위에서 던진 '뜨거운 모래와 오물이 담긴 가열된
방패'일 가능성이 높다고 주장했습니다. 번개처럼 묘사된 건 다름
아닌 방패에서 흩뿌려진 달군 모래와 끓는 오물이었고, 성벽이 진
흙처럼 녹아 버렸다는 묘사는 공성전의 혼란 속에서 마케도니아
병사들이 느낀 과장된 공포였거나 페노글리오가 원문을 해석하는



기묘한 세계사의 미스터리

과정에서 의도적 또는 비의도적으로 'UFO 연구가'스러운 해석을 했을 가능성이 있다는 것이죠. 이러한 반론은 '날아다니는 방패가 UFO'라는 주장의 설득력을 크게 약화시켰습니다.

## 미스터리는 계속된다, 인도 원정 중 불타는 하늘

델리야니스의 합리적인 해석에도 불구하고, 알렉산더 대왕과 관련된 기이한 현상의 미스터리는 완전히 해소되지 않았습니다. 델리야니스 본인도 조사 중 진위 논란이 있는 흥미로운 기록을 하나 발견했죠. 알렉산더 대왕이 스승 아리스토텔레스에게 보냈다는 편지 속에 담긴 인도 원정 중의 '불타는 하늘' 이야기였는데요.

> 그 직후 하늘이 매우 검고 어두워졌는데 캄캄한 하늘 가운데에서 타오르는 불이 나왔습니다. 그것은 활활 타오르는 채로 땅에 떨어졌고 평원 전체가 불길에 휩싸였습니다. 병사들은 신의 분노라 하며 두려워했습니다.
>
> — 「알렉산더 대왕이 아리스토텔레스에게 보낸 편지(Epistola Alexandri ad Aristotelem)」 중에서

알렉산더 대왕

이 서신은 후대에 위조되었을 가능성이 다분하지만, 일부 학자
들은 원전이 되는 기록이 존재할 것이라며 신빙성을 완전히 배제
하지 않습니다. 더욱 기묘한 건 고대 인도의 대서사시인 『마하바라
타(Mahabharata)』에도 이와 유사한 기록이 존재한다는 사실입니다.



기묘한 세계사의 미스터리

아드와탄이 비마나를 타고 내려와 아그니야스트라를 발사했다. 이 무기는 적의 상공에 불꽃의 화살을 내리부었고 그로 인해 발생한 짙은 구름은 상공을 어둡게 했다.

-『마하바라타』 중에서

『마하바라타』에 등장하는 비마나는 고대 인도 신들이 타고 다녔다는 신비로운 비행체를 뜻하며, 아그니야스트라는 강력한 불의 무기입니다.

알렉산더 대왕이 인도에서 목격했다는 '불타는 하늘' 현상이 고대 인도의 신화 속 전쟁 장면과 묘하게 겹쳐 보이는 건 단순한 우연일까요?

알렉산더 대왕이 목격한 '날아다니는 방패'의 정체는 여전히 세계사의 기묘한 미스터리로 남아 있습니다. 그것이 전쟁의 혼란이 빚어낸 집단적 환상이었을지, 평범한 천체 현상의 오해였을지, 아니면 우리가 알지 못하는 외계 문명이나 미지의 기술의 실체였을지는 역사의 페이지가 완전히 닫히기 전까진 알 수 없을 것입니다.

# 대제국의 그림자, 사라진 5만 군대

## 캄비세스군의 실종 미스터리

### 이집트 사막에 묻힌 5만 대군의 비밀

기원전 6세기, 고대 근동의 역사는 눈부신 전성기를 구가하던 거대 문명인 아케메네스 페르시아 제국(Achaemenid Empire)의 이름으로 채워져 있었습니다. 창건자 키루스 2세는 세 대륙을 아우르는 대제국을 건설했고, 그의 아들 캄비세스 2세는 아버지 못지않은 야심을 가진 통치자였죠.

캄비세스 2세는 즉위 후 페르시아의 영토를 더욱 넓히기 위한 계획을 추진했고, 그 첫 번째 목표는 바로 고대 문명의 심장이자 오랜 역사를 자랑하는 이집트였습니다. 기원전 525년, 펠루시움 전투에서 승리하며 이집트의 마지막 파라오를 물리친 그는 스스로 파라오의 자리에 오르는 등 강력한 위세를 떨쳤습니다.

이후 '왕 중의 왕'으로 불린 캄비세스 2세는 제국에 통합되는 것을 거부하고 도전장을 내민 세력에게 자신의 권위를 보여 주기로 결정하는데요. 그들은 바로 고대 이집트의 최고 신 중 하나인 아문을 숭배하던 암몬 신전의 사제들이었죠.

암몬 신전은 현재 이집트의 시와 오아시스(Siwa Oasis)에 위치한 곳으로, 당시 이집트인들에게 신성함 그 자체였는데요. 캄비세스 2세는 암몬 신전을 정벌하고, 그들이 신성시하는 아문의 신탁을 불태워 파괴하라는 명령을 내립니다.

기원전 524년, 대담하고도 무모한 원정이 시작되었습니다. 이집트 남부의 테베에서 출발한 페르시아군은 무려 5만 명에 달하는 대규모 군대였습니다. 이 거대한 군대가 사막을 횡단해 암몬에 도착하는 것은 시간 문제처럼 보였죠. 하지만 그들은 끝내 암몬에 도착하지 못했습니다.

사막을 횡단하던 5만 명의 대군은 어느 날 갑자기, 소리 소문 없이 증발하듯 사라져 버렸습니다. 그들이 어떻게, 왜 사라졌는지에 대한 명확한 기록은 없습니다. 다만 훗날 고대 그리스의 역사가 헤로도토스가 남긴 단 몇 줄의 기록만이 이 기묘한 사건을 후대에 전

9세기에 상상으로 그린
'캄비세스의 잃어버린 군대' 판화

할 뿐이죠. 5만 명의 군대가 '강하고 치명적인 모래바람'에 휩쓸려
세상에서 완전히 사라졌다는 내용이었습니다.

아케메네스인들이 모래를 건너 그들 사이의 중간쯤에 도달했을 때,
남쪽에서 강하고 치명적인 모래바람이 일어나 거대한 기둥을 몰고
왔다. 소용돌이치는 모래가 군대를 덮었고, 그들은 세상에서 완전
히 사라져 버렸다.

- 헤로도토스, 『역사』 중에서



기묘한 세계사의 미스터리

고대 신들의 왕이자, 바람의 신으로도 불렸던 아문의 분노가 정말로 모래폭풍을 일으켜 이들을 집어삼킨 것일까요? 2,500년이 흐른 지금, '캄비세스의 잃어버린 군대' 이야기는 역사와 전설의 경계에서 여전히 미스터리로 남아 있습니다.

## 잔혹한 사막이 집어삼킨 비극

가장 먼저 제기된 가설은 대군의 횡단 실패였습니다. 5만 명이라는 엄청난 인원이 끝없이 펼쳐진 사막을 건너기 위해서는 상상을 초월하는 규모의 물과 식량, 그리고 체계적인 계획이 필수적이죠. 수십 일에 달하는 원정 기간 동안 발생할 수 있는 혹독한 기후 변화와 보급 문제에 대한 철저한 대비가 있어야 했습니다.

일부 학자들은 캄비세스 2세가 이집트 정복 이후 사막을 너무 얕잡아 봤을 거라고 추정합니다. 그의 오만함 때문에 식량이나 물을 필요치보다 훨씬 제한했고, 그 결과 혹독한 사막 환경을 견디지 못한 군대가 서서히 고립되어 전멸했다는 것이죠. 실제로 캄비세스 2세의 이집트 원정 당시, 페르시아군은 사막의 환경 때문에 굉장한 어려움을 겪었다는 기록이 전해집니다.

하지만 이 가설만으로는 설명되지 않는 기묘함이 있죠. 5만 명이라는 대군이 몇몇 희생자를 남기고 와해되는 게 아니라, 한순간에 전부 다 사라져 버린 듯한 뉘앙스는 무엇일까요? 소규모 부대가 아닌, 조직화된 대규모 병력이 한날한시에 흔적도 없이 모습을 감춘다는 것은 일반적인 군사적 실패로는 납득하기 어렵습니다.


## 모래폭풍에 묻힌 미스터리

✦

헤로도토스가 언급한 '모래폭풍'을 문자 그대로 받아들인 가설도 있습니다. 물론 당대 역사가의 기록은 종종 비유적이거나 과장된 표현을 포함하기에, 많은 학자들은 모래폭풍 이야기가 군사적 재앙을 은유하는 것일 뿐이라고 여겼죠.

그러나 1932년, 헝가리의 귀족이자 탐험가인 라슬로 알마시 백작은 이 전설에 흥미를 느끼고 직접 증거를 찾아 나서기로 합니다. 그는 모래폭풍이 실제로 발생해 군대를 묻어 버렸다는 전제하에 지질학자, 영국 고위 장교 등과 함께 탐험대를 꾸려 이집트 서부 사막 일대를 수색했죠.

그렇게 모래 언덕 밑에 묻혀 있을 군대의 유해나 유물을 찾았지만, 1933년의 이 실질적인 첫 번째 탐사는 어떠한 고고학적 증거도 발견하지 못한 채 허무하게 마무리되었습니다.

1821년 조지 프랜시스 라이언이 그린
사하라 사막의 모래폭풍

50여 년이 지난 1983년, 미국의 작가 개리 S. 샤페즈는 이 전설을 역사로 끌어내고자 더욱 체계적인 탐험 계획을 세웠습니다. 하버드 고고학 연구팀, 내셔널지오그래픽 협회, 그리고 이집트 당국의 후원까지 받은 대규모 프로젝트였죠.

샤페즈는 5만 명이나 되는 대군이 모래폭풍 속에 파묻혔다면, 반드시 그 흔적이 남아 있을 거라고 확신했습니다. 막대한 자금(25만 달러)과 첨단 장비(경비행기, 침투 레이더 등), 그리고 6개월의 긴 기간까지 투입된 이 탐사는 이집트-리비아 국경 일대의 100평방킬로미터에 달하는 복잡한 사구(砂丘)를 수색하며 500개에 달하는 고분을 발견했습니다.

탐사대는 큰 기대를 품고 유골에 대한 연대 측정을 실시했는데요. 그러나 결과는 예상과 달랐습니다. 뼛조각의 연대가 캄비세스 2세 때보다 무려 1천 년이나 앞선다는 사실이 드러난 것이죠.

2차 탐험 역시 별 소득 없이 끝나면서, 학계의 정설은 "캄비세스의 잃어버린 군대는 실재하는 역사가 아닌, 그저 전설일 뿐"이라는 쪽으로 기울기 시작했습니다.

페르시아 제국이 자신들의 치욕스러운 패배를 숨기고자 역사 기록을 최소화했고, 그것이 75년 뒤 헤로도토스의 저서에 기이한 전설로 인용되었다는 추측이 힘을 얻는 듯했죠.


## 카스티글로니 형제의 발견

전설이 영원히 모래 속에 묻힐 것 같던 2009년, 이탈리아의 쌍둥이 고고학자 형제 안젤로 카스티글로니와 알프레도 카스티글로니가 놀라운 발표를 합니다. 캄비세스 군대의 흔적을 발견했다는 것이었죠.

 

이 형제는 1996년 철 운석을 조사하고자 이집트 사막을 탐사하던 중 우연히 여러 구의 인간 유해를 발견했고, 이후 13년 동안 다섯 차례의 탐사를 진행했습니다. 그리고 마침내 모래 속에 묻힌 거대한 바위를 찾아냈죠.

그들은 35미터 길이에 5미터의 높이를 가진 이 거대한 바위가 캄비세스 군대가 모래폭풍을 피해 삼았던 '임시 피난처'일 거라고 직감했습니다. 바위 아래에서 금속 탐지기를 가동하자, 고대 전쟁 유물로 보이는 청동 단검과 화살촉, 그리고 은팔찌와 귀걸이가 추가로 발견되었죠.

고대 보석 전문가의 감정 결과, 이 장신구들은 기원전 5~6세기경 만들어진 아케메네스 시대의 유물로 확인되었습니다. 전설로만 여겨지던 '캄비세스의 잃어버린 군대'가 실질적인 역사로 드러나는 듯한 순간이었습니다. 카스티글로니 형제는 "이것이야말로 헤로도토스가 보고한 고대 전설의 최초 증거"라며 학계에 흥분된 내용을 발표했죠.

하지만 이집트 고대유물 최고위원회 사무총장 자히 하와스는 즉시 반박했습니다. 그는 "카스티글로니 형제의 주장은 근거가 없고 오해의 소지가 있다"며, 그들이 발굴했다고 주장하는 지역은 이미 다른 조사단에 의해 발굴이 진행 중이었고, 그곳에서 캄비세스 군대의 흔적은 발견되지 않았다고 주장했습니다.

게다가 형제가 이집트 당국(이집트 문화부 산하 고고학 최고 평의회)으로부터 공식적인 발굴 허가를 받지 않았다는 점을 지적하며, 그들의 발견을 믿을 수 없다고 일축했죠.

2,500년 만에 수면 위로 드러나는가 싶던 전설은, 다시 한번 미스터리의 영역으로 되돌아가는 듯했습니다.


## 모래폭풍이 아닌 전투의 패배였다

✦

미스터리는 여기서 끝나지 않았습니다. 2015년, 네덜란드 라이덴 대학교의 이집트 학자 올라프 케이퍼는 이집트의 고대 사원 유적지에서 의미심장한 단서를 발견하며 새로운 가설을 제기했는데요.

케이퍼는 다클라 오아시스(Dakhla Oasis) 주변 발굴 과정 중, 옛 이집트의 반군 지도자 페투바스티스 3세의 이름이 적힌 돌 블록을 발견했습니다. 페르시아 시대 초기, 즉 캄비세스 2세 재위 시기 이곳에 이집트의 요새가 존재했음을 의미했죠.

흥미롭게도 '잃어버린 군대'의 마지막 목격지라고 전해지는 곳이 사막에서 '오아시스'를 일컫는 '축복받은 섬'이었다는 구전 기록이 있었는데요. 케이퍼는 이 단서들을 바탕으로 10년간의 발굴과 조사를 거쳐 놀라운 결론에 도달했죠.

 

그의 주장에 따르면, 캄비세스의 5만 대군은 사막에서 길을 잃거나 모래폭풍에 휘말리지 않았습니다. 대신 그들은 목적지인 시와 오아시스로 향하던 중 다클라 오아시스에 도달했고, 그곳에서 옛 이집트의 반군 지도자 페투바스티스 3세가 이끄는 매복군과 맞닥뜨렸다는 것이죠.

일주일이 넘는 고된 사막 횡단으로 지쳐 있던 캄비세스 군대는 완벽한 무방비 상태였고, 페투바스티스의 기습 공격에 '5만 명 전멸'이라는 충격적인 대패를 겪었다는 것이 케이퍼의 가설입니다. 페투바스티스 3세는 이 승리를 발판 삼아 이집트를 재정복하고 파라오의 자리에까지 올랐다고 하죠.

이 치욕스러운 패배가 캄비세스 2세와 이후 왕위를 물려받은 다리우스 1세에게 중대한 치부가 되었을 것이며, 그들은 이 사건이 제국의 명성에 악영향을 주는 것을 막고자 자연재해 탓으로 돌려 역사를 은폐했다고 주장했습니다. 이 은폐된 역사가 75년 후 헤로도토스의 저서에 인용되면서, 5만 군대의 처참한 패배가 '기이한 모래폭풍 전설'로 바뀌었다는 것입니다.

과연 캄비세스의 군대는 신의 노여움이 아닌 인간의 전략으로 전투에서 대패하며 모래 속에 파묻히게 된 걸까요? '캄비세스의 잃어버린 군대' 이야기는 2,500년 동안 전설과 역사 사이에서 팽팽한 줄다리기를 이어오고 있습니다.

사막의 극한 환경이 빚어낸 비극인지 아니면 역사가 은폐한 치
욕스러운 패전의 기록인지, 그 진실은 여전히 거대한 모래 언덕 밑
에 묻혀 있죠.

　　　　　　　　　　　　　　　　　　　기묘한 세계사의 미스터리

# 고대 유럽 톨렌스 계곡의 참혹한 비밀

## 유럽 최초의 대규모 전쟁

### 3,300년 전 유럽은 미개하지 않았다

1996년, 독일 북동부 메클렌부르크-포어포메른(Mecklenburg-Vorpommern)주의 톨렌스 계곡(Tollense Valley). 유적지 보존 작업을 하던 한 자원봉사자의 눈에 기이한 광경이 포착되었습니다. 강변의 가파른 둑을 뚫고 튀어나온 그것은 다름 아닌 인간의 팔뚝뼈였는데요. 섬뜩하게도, 뼈의 한쪽 끝에는 날카로운 부싯돌 화살촉이 깊숙이 박혀 있었습니다.

직감적으로 심상치 않은 유해임을 깨달은 그는 곧바로 학계에 보고했고 곧 대대적인 고고학 탐사가 시작되었죠. 발굴을 시작한 학자들은 엄청난 충격과 함께 인류의 역사를 다시 써야 할지도 모른다는 강한 확신을 느꼈다고 합니다.

그들이 발견한 건 단순한 유적이 아니었습니다. 3,300년 동안 유럽이 감춰 온 잔혹한 비밀이었죠. 3킬로미터에 달하는 톨렌스 계곡 전체가 거대한 유적지였습니다.

기원전 1300년경
유럽의 전장을 보여 주는,
독일 베를린의 노이 박물관
'청동기 시대 유럽 갤러리'



기묘한 세계사의 미스터리

발굴 현장에선 곤봉, 창, 칼, 활과 화살 등 다양한 종류의 무기들, 의류와 장식품, 그리고 전투에 사용된 것으로 추정되는 말의 뼈까지 쏟아져 나왔는데요. 무엇보다 학자들을 경악하게 만든 건 수백 구가 넘는 인간의 유해였습니다.

유해들은 주로 20대에서 40대의 건장한 남성이었으나, 일부 여성과 아이들의 뼈도 섞여 있었죠. 이들은 명확히 두 그룹의 특징으로 나뉘었는데, 이 계곡을 중심으로 두 개의 군대가 격렬하고 치명적인 전투를 벌였다는 걸 시사했습니다. 발견된 유물과 유해의 밀도로 미뤄 볼 때, 이 고대 전투에 참여했던 인원은 최대 5천 명에 달하는 것으로 추산되었죠.

고고학자들을 혼란에 빠뜨린 건, 비단 전투에 참전한 그룹의 규모만은 아니었습니다. 전투가 벌어진 시기도 그들을 혼란에 빠뜨리기 충분했죠. 탄소 연대 측정 결과, 이 전투는 지금으로부터 약 3,300년 전인 기원전 13세기경에 발발한 것으로 밝혀졌습니다.

유럽의 기원전 13세기는 청동기 시대였는데요. 그때까지의 학계 정설은 다음과 같았죠. 당시 북부 및 중앙 유럽은 인구 밀도가 극도로 낮아 소규모의 부족 단위 문명만 산발적으로 존재했으며, 타 대륙에 비해 문명적·사회적으로 낙후되었을 거라는 추측이었습니다. 기록도 거의 남아 있지 않아 추측만 할 수 있을 뿐이었죠.

그런데 수십 명 단위가 아닌, 최대 5천 명이 참전한 대규모의 조직적인 전투가 이 척박한 땅에서 벌어졌다는 역사적 사실은 기존의 유럽 고대사 관념을 근본부터 뒤흔들기에 충분했습니다.


## 고대 유럽 전투의 단서들

✦

조사를 거듭하던 학자들은 유해에서 더욱 놀라운 사실들을 발견했습니다.

첫째, 유해들은 대부분 활이나 칼 등으로 치명상을 입어 사망했는데요. 특히 주목할 만한 것은 이들 중 다수가 이미 전투에 참전하기 훨씬 이전에 입었다가 자연 치유된 기존의 전투 상흔을 갖고 있었다는 점입니다. 톨렌스 계곡 전투(Battle of the Tollense Valley)가 일회성 우발 충돌이 아니라, 이전부터 청동기 부족 간의 크고 작은 전투가 지속적으로 발생해 왔음을 의미하죠.

둘째, 전투가 벌어진 계곡 인근에선 120미터 길이의 거대한 다리 흔적으로 보이는 인공물도 함께 발견되었습니다. 이 다리는 톨렌스 계곡 전투가 발발한 시기보다 무려 500년쯤 전에 건설된 것으로 드러났는데요. 즉 톨렌스 계곡은 청동기 시대 초기에 이미 주요 교차로였으며, 우리가 알지 못했던 미지의 고대 문명이 수천 년 전에 역사를 이룩했을 가능성을 시사하죠.

    기묘한 세계사의 미스터리

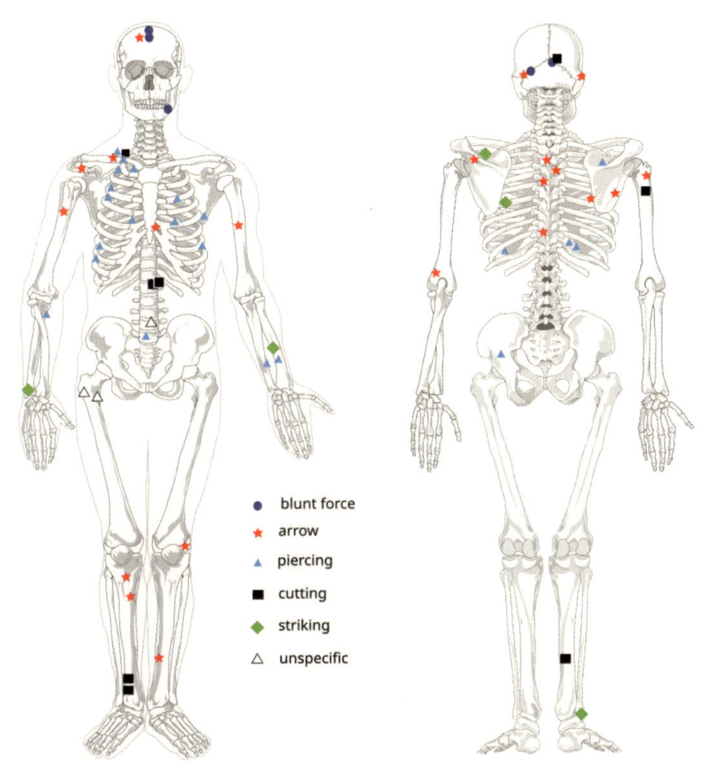


톨렌스 계곡 전투의 사망자 유골에서 발견된
뼈 손상 패턴과 위치

　발견된 유해와 무기들을 통해 학자들이 재구성한 전투는 매우 처절하고 끔찍했습니다. 톨렌스 계곡에 당도한 두 군대는 곧바로 백병전을 벌였는데요. 그들은 청동기 시대의 무기를 휘둘러 서로 치명적인 공격을 가했습니다.

발굴된 유해는 휘두른 청동 칼에 팔다리가 단번에 절단되거나 먼 거리를 날아온 화살이 두개골을 꿰뚫고 박힌 흔적 등을 생생하게 보여 주는데요. 격렬하게 싸운 5천여 명의 고대인들은 단순한 부족민이 아닌 전투에 특화된 훈련된 전사들이었음이 분명했죠.

전투가 끝난 후, 승리한 군대는 계곡을 돌아다니며 죽은 적들의 가슴을 칼로 찌르는 확인 사살도 했습니다. 말을 탄 수장들은 도망치는 패잔병들을 쫓아 숲속으로 들어갔고요.

이 하룻밤의 처참한 싸움으로 양측 합해 1천 명에 달하는 사람들이 목숨을 잃은 것으로 추정되죠. 밤이 지나자 승리자들은 노획품을 챙겨 떠났고, 수많은 시신은 늪지대 계곡물 속에 가라앉아 3,300년 동안 잠들어 있다가 현대인들에게 발견된 것입니다.

## 그들은 누구이며, 왜 싸웠나?

이 하룻밤의 참혹한 전투, 톨렌스 계곡 전투는 고대 유럽에 대한 수많은 새로운 사실을 시사합니다. 척박했을 거라 여겨진 북중부 유럽에 수천 명을 동원할 수 있는 대규모 사회 조직이 존재했다는 것이죠. 말을 탄 이를 중심으로 그 아래 전투원들을 배치하는 확실한 지휘 체계가 갖춰져 있었으며, 수천 명을 움직이고 먹이고 훈련

톨렌스 전투가 벌어진 현장의 오늘날 모습

할 수 있는 조직화된 군대 시스템이 갖춰져 있었습니다.

학자들은 입을 모아 "당시 이와 같은 전투를 계획하고 이 모든 사람을 한곳에 모았다는 것 자체가 상상하기 어려운 일"이라고 말했습니다. '톨렌스 계곡 전투'라 이름 붙은 이 사건은 기존의 유럽 전쟁 역사를 한참 앞당겼으며, 독일의 고고학자 토마스 테르베르거는 이 사건을 '유럽 최초의 전장이자 청동기 시대에 벌어진 가장 크고 잔인한 전투'라고 규정했죠.

그러나 가장 큰 의문점은 여전히 미스터리로 남아 있습니다. 조사 결과, 한 그룹은 해당 지역의 현지인인 것으로 밝혀졌는데 나머지 한 그룹의 정체는 명확하지 않았죠.

그들은 멀리 남부 유럽이나 동유럽 등 유럽 어딘가에서 오로지 전투를 위해 수백 마일을 이동해 이곳까지 온 것으로 추측되었는데요. 당시 유럽 지역을 가로지르는 광범위한 이동 및 교역 네트워크가 존재했음을 암시합니다.

전투의 원인에 대한 가설은 다양합니다. 청동기 시대 후기, 유럽에선 대규모의 인구 이동(Migration)이 있었고 그 과정에서 토착 세력과 이주 세력 간의 충돌이 발생했다는 가설이 있고요. 청동기 등 핵심 자원을 둘러싼 부족 간의 치열한 경쟁과 약탈이 원인이 되었다는 가설이 있습니다.

당시 유럽의 각기 떨어진 지역에 형성된 두 개의 거대 부족 동맹 사이에서 전쟁 발발의 기운이 보이자 각자 최대한으로 인원을 끌어모아 대규모 회전(會戰)이 벌어졌다는 가설도 있는데요. 대규모 인원 동원의 개연성을 설명하는 데 가장 신빙성이 높습니다.

하지만 이 모든 가설은 명확한 기록이 부재하기 때문에 가설로 그치고 말았습니다. 그렇게 톨렌스 계곡 전투의 수많은 의혹은 현재까지도 풀리지 않은 숙제로 남아 있죠.

전쟁이 늪지대 계곡에서 이뤄졌고 연대가 워낙 오래되어 발굴 작업은 더디게 진행되고 있습니다. 수십 년이 넘는 연구와 조사가 이어졌음에도 전체의 10퍼센트 정도만 발굴이 완료되었다고 합니다. 과연 나머지 90퍼센트의 미발굴된 전투 현장에 3,300년 전 그들이 누구이며, 무슨 목적으로, 어떻게 그토록 거대한 규모의 전쟁을 벌일 수 있었는지에 대한 고대 비밀의 실마리가 있을까요?

톨렌스 계곡의 차가운 물속에는 유럽 역사의 가장 오래되고 기묘한 미스터리가 여전히 잠들어 있습니다.

3장

역사를 뒤흔든
기묘한 인물들

# 바다를 지배한 해적왕의 기묘한 최후

전설의 해적, 검은수염

## 퀸 앤즈 리벤지 호의 비밀

✦

1996년 11월, 미국 노스캐롤라이나주 보포트 해안의 차가운 바닷속에서 300년 묵은 전설이 깨어났습니다. 해양 고고학자 데이비드 무어가 이끄는 조사팀은 바다 밑 특정 좌표에서 자력계의 강한 이상 반응을 포착했는데요. 거대한 인공물, 즉 침몰선에 의한 자기장 교란임이 분명했죠.

잠수팀이 바닷속으로 들어가 발견한 것은 압도적인 위용을 자랑했을 거대한 잔해였습니다. 수십 개가 넘는 청동 대포, 수천 개

　　　　　　　　　　　　　　기묘한 세계사의 미스터리

의 포탄, 그리고 25만 개에 달하는 산탄 조각들까지 조사에 참여한 잠수부 모두가 입을 모으길, 이 배가 항해했을 당시에는 그야말로 바다의 지배자였을 거라고 확신했죠.

옥스퍼드대학교의 해양 고고학자 리사 브릭스는 이 침몰선이 카리브해에서 가장 악명 높았던 해적, 에드워드 티치가 몰았던 전설의 해적선 '퀸 앤즈 리벤지 호(Queen Anne's Revenge)'일 거라고 봤습니다. 프랑스식 표기가 새겨진 선미 구조와 배 안에서 발견된 1712년 항해일지 등의 증거가 그녀의 주장을 뒷받침했죠. 리사는 "99퍼센트 확신한다"며 이 발견이 전설 속 인물을 현실로 끌어낸 역사적인 순간임을 선언했습니다. 문헌에 따르면, 이 침몰선은 '콩코르드 호'라는 이름의 프랑스 대형 상선이었는데요. 하지만 1717년, 항해 중 티치에게 탈취당하면서 운명이 뒤바뀌었죠. 프랑스 해군 기록에도 "콩코르드 호는 항해 중 '검은수염(Blackbeard)'이라고 불리는 해적에게 나포당했다"라고 남아 있습니다.

티치는 이 배에 무려 40문에 달하는 대포를 장착하고 개조한 후, 이름을 '앤 여왕의 복수'라는 뜻의 '퀸 앤즈 리벤지 호'로 바꿨습니다. '앤 여왕의 전쟁'이라고 불린 영국과 프랑스 간의 식민지 전쟁에 참전했던 그가 앤 여왕과 영국을 향한 마음을 담아 배의 이름을 바꿨다고 하죠. 대형 전함에 필적하는 이 해적선은 악명 높은 검은수염의 심장이자 상징이었습니다.

노스캐롤라이나 역사 박물관에 전시된
퀸 앤즈 리벤지 호의 현대식 모형

# 공포를 디자인한 남자

'검은수염' 에드워드 티치는 이미 당대 최고의 해적이었지만, 퀸 앤즈 리벤지 호를 손에 넣은 후 진정한 해적왕으로 거듭났습니다. 그의 해적단은 1717년에만 열다섯 척이 넘는 배를 나포하거나 침몰시켰고, 2년 후에는 무려 40척에 달하는 선박을 약탈했다고 전해지죠.



기묘한 세계사의 미스터리

당시는 '해적의 황금시대'라 불릴 만큼 수많은 해적이 바다에 넘쳐났지만, 검은수염은 그중에서도 독보적인 존재였습니다. 항해사들은 물론 다른 해적들까지도 그를 두려워했다고 하죠. 티치가 이토록 악명을 떨칠 수 있었던 비결은 '공포를 디자인하는 능력'에 있었습니다. 그는 적들에게 심어 주는 공포스러운 이미지에 엄청 신경을 썼는데요. 검은수염에 관한 소문들은 부지기수죠.

길고 덥수룩한 수염에 훤칠한 키를 가진 인상 더러운 남자가 있다면, 아마 검은수염일 것이다. 그가 만약 권총을 잔뜩 넣은 코트까지 걸치고 있다면, 가능한 한 빨리 자리를 피하는 게 좋다. 하지만 땅이 아닌 바다 위에서 그를 만났다면, 그저 유감스러울 뿐이다.

검은수염은 불붙은 성냥이나 촛불로 전신을 장식하는 것을 즐겼다. 티치는 적과 대적했을 때 모자에 성냥을 꽂고는 했는데, 불 때문에 마치 그의 눈이 타오르는 것처럼 보이고는 했다. 상상 그 이상의 분노가 느껴지는 아우라였다.

검은수염은 두 자루의 검과 여섯 자루의 총을 차고 다녔다. 그는 자신의 양 옆 머리를 꼬아 불을 붙이기도 했고 럼주에 화약을 섞어 마시기도 했다.

　이러한 소문과 전설들은 검은수염의 악명을 자연스럽게 높여 주는 역할을 했고, 그의 배와 마주친 상선들은 압도적인 포스와 공포심에 사로잡혀 싸울 생각조차 하지 않고 투항하는 경우가 많았습니다. 실제로 검은수염에게 잡힌 포로들이 살해되거나 상해를 입었다는 기록은 거의 없으며, 순순히 항복하는 이들에게는 오히려 자비를 베풀었다고 하죠. 이 사실 역시 소문으로 퍼져 그의 '공포 마케팅'을 완성하는 데 기여했습니다.

대니얼 디포와 찰스 존슨의 『일반 역사』(1736)에 사용된 검은수염 삽화

　　　　　기묘한 세계사의 미스터리

# 노스캐롤라이나의 피바다

검은수염은 국가의 무역을 위해 건조한 대형 상선을 손수 해적선으로 개조해 대포를 달고 해적기까지 꽂았기로서니, 두고 볼 수만은 없었던 영국 정부가 대대적인 해적 단속을 공표했고 곧 해적과의 전면전이 시작되었죠.

정부의 정규군을 당해 내기 힘들다고 판단한 티치는 퀸 앤즈 리벤지 호를 노스캐롤라이나 보포트 해안의 모래톱에 의도적으로 좌초시키고 배를 버립니다. 이후 노스캐롤라이나의 주지사 찰스 에덴을 찾아가 공식 사면을 요청했고, 해안 마을 바스에 정착했죠. 잠시 평화롭고 단조로운 결혼 생활을 이어 갔지만, 꿈틀대는 욕망은 6개월 만에 그를 다시 바다로 이끌었습니다.

재창설된 검은수염 해적단의 규모는 나날이 커졌고, 결국 영국 정부의 분노를 샀고 말았죠. 정부는 사면 후 해적으로 복귀한 티치를 처단하고자 대규모 해군을 파견했습니다.

1718년 11월 21일, 해군 중위 로버트 메이너드가 이끄는 영국 해군 함대가 오크라코크섬 인근에서 검은수염 해적단을 발견했습니다. 날이 밝자마자 전투가 시작되었고, 티치는 메이너드 함대에 대포 세례를 퍼부어 해군 병력의 3분의 1을 잃게 하고 배에 심각한 손상을 입혔죠.

장거리전에서 승산이 없다고 판단한 메이너드는 함선을 최대한 근접하게 붙인 후 기상천외한 백병전 작전을 준비했습니다. 치명적인 대포 공격에 성공한 티치는 승기를 잡았다고 판단했는데, 대포 연기가 걷힌 후에도 적 함선 갑판에 아무도 보이지 않자 해군들이 모두 죽었을 거라 확신한 후 부하들을 이끌고 부서진 갑판 위로 승선했죠.

바로 그때, 메이너드와 그의 부하들이 갑판 아래 은신처에서 고함을 지르며 튀어나왔습니다. 메이너드의 작전은 대성공이었죠. 해적들은 당황했고, 두 세력은 핏물이 흥건한 갑판 위에서 피할 수 없는 최후의 결전을 벌였습니다.

## 다섯 발의 총상, 스무 군데의 칼자국

이 갑판 위의 전투는 너무나 격렬해 해군 기록에도 상세히 남아 있습니다. 해군과 해적을 합해 스무 명이 넘는 인원이 사망했고, 특히 메이너드 중위와 검은수염 티치의 1 대 1 결투는 전설적인 일화로 전해집니다.

검은수염과 로버트 메이너드의
최후의 결전(장 레옹 제롬 페리스, 1920)

그들은 서로 플린트 락 머스킷을 한 발씩 쏘고는 총을 버렸다. 검은
수염과 메이너드는 검을 들고 싸우기 시작했는데 둘 다 상대방의
급소만을 노리는, 한 치의 양보와 물러섬도 없는 싸움이었다. 검은
수염이 길다란 커틀라스로 메이너드의 검을 내려쳐 부러뜨렸고 승
기가 선 듯했으나, 뒤에서 벌어지는 해군과 해적의 전투는 이미 해
군들의 승리로 끝나고 있었다. 해적들은 모두 선미로 몰려 투항하
기 직전이었고, 해군 몇 명이 메이너드를 도와 티치와 싸웠다. 해군
한 명의 칼이 티치의 목에 적중하면서 결국 전투는 막을 내렸다.

검은수염은 결국 목이 잘리면서 바다 위에서 삶을 마감했습니다. 메이너드 중위의 증언은 그의 마지막이 얼마나 치열했는지 증명하죠.

에드워드 티치의 시신에는 다섯 발의 총상과 스무 군데의 칼자국이 남아 있었다. 그는 최후까지 싸웠으며, 죽은 후에도 칼을 쥔 손을 놓지 않았다.

전투 후 티치의 몸은 바다로 버려졌는데, 곧이어 "티치가 머리가 없는 채로 배를 세 바퀴나 돌아 헤엄쳤다"라는 괴소문이 돌 정도로 그의 죽음은 무시무시하고 기묘했죠. 메이너드는 티치의 목을 베어 뱃머리에 매달고 귀국했습니다. 이후 검은수염의 머리는 체서피크 만 입구의 기둥에 몇 년 동안 전시되어, 모든 해적에게 정부의 경고가 되었죠. 검은수염 에드워드 티치는 출생 배경이나 해적 이외의 삶에 대한 기록이 거의 남아 있지 않습니다.

그는 후대에 남겨진 모든 기록에서 해적으로 등장해 해적으로 퇴장하는, 완벽한 미스터리 인물입니다. 그의 카리스마와 기괴한 이미지는 300년이 지난 오늘날까지도 영화 〈캐리비안의 해적〉 시리즈나 만화 『원피스』 등 각종 창작물에 모티브로 차용되며, 전설적인 해적의 표본으로 기억되고 있습니다.

   

# 식인 부족에게 흡수된 미스터리

정글로 떠난 재벌 3세의 실종

## 수백 조 재산보다 미지의 세계를 택한 상속자

마이클 록펠러, 이 이름은 미국 역사상 최고의 부호였던 존 D. 록펠러의 가문과 뉴욕 주지사이자 훗날 미국 제41대 부통령을 지낸 넬슨 록펠러의 막내아들임을 의미했습니다. 하버드대학교에서 역사와 경제학을 우등으로 졸업한 그는, 당연히 막대한 재산을 상속받아 가문의 명예를 이어 나갈 예정인 엘리트 중의 엘리트였죠.

그러나 마이클은 안락한 미래 대신 도전과 탐구의 길을 택했습니다. 1957년, 아버지 넬슨 록펠러가 뉴욕에 원시 미술 박물관을 개관했을 때 그는 박물관에 전시된 신비로운 예술품들에서 강한 매력을 느꼈죠. 서구 문명의 틀을 벗어난 새로운 세계, 즉 '원시 문명'을 직접 탐구하고 그 유물을 가져와 대중에게 보여 주겠다는 야심찬 포부를 품게 된 것입니다.

그가 택한 목적지는 바로 파푸아뉴기니였는데요. 그중에서도 남서쪽 해안가에 위치한 아스마트(Asmat) 지역은 당시까지 서구 문명의 손길이 거의 닿지 않았던 미지의 땅이었고, 동시에 야만적이고 원시적인 풍습이 그대로 남아 있어 탐험가들이 발길을 꺼리

1912~1913년 제3차 남뉴기니 탐험 당시
로렌츠강에서 촬영된 아스마트족

는 곳이었습니다. 마이클은 1961년 박물관에 전시할 유물을 확보하겠다는 뜻을 밝히고 아스마트로 향했는데요. 그는 그곳이야말로 '새로운 유물을 찾기에 최적의 환경'이라고 확신했죠.

하지만 마이클 록펠러가 도착한 아스마트, 그곳의 원주민들은 그가 상상했던 것 이상으로 잔인하고 원시적인 풍습을 고수하고 있었습니다. 부족 간에 수시로 전쟁이 벌어졌고, 승리한 부족은 적의 머리를 취하는 잔혹한 '헤드 헌팅' 풍습을 갖고 있었죠. 더욱 충격적인 것은, 적군을 잡아먹는 '식인' 풍습이 공공연히 남아 있었다는 점이었습니다.

서구 사회의 모든 금기를 깨뜨린 이러한 원시 문화는 오히려 마이클에게 깊은 매력으로 다가왔는데요. 그는 이들의 문화를 더 깊게 이해하고 그 흔적을 가져와야 한다는 강한 열망을 품었습니다.

1961년 10월, 마이클은 네덜란드의 인류학자 르네 와싱과 함께 다시 뉴기니로 돌아왔습니다. 그들은 그릇, 방패, 창 등 수백 가지가 넘는 아스마트 지역 문화품들을 수집하며 성공적인 첫 번째 원정을 마쳤죠. 그러나 그들은 한 번의 여행으로는 충분치 않다고 생각했고, 11월 마이클의 마지막 원정이 될 길을 다시 나섰습니다.

# 재벌 상속자의 실종

✦

1961년 11월 19일, 마이클과 와싱은 두 척의 카누를 연결한 작은 보트를 타고 베스지강(Betsj River)을 건너고 있었습니다. 그러나 예기치 않은 강한 조류에 휩쓸려 배가 뒤집히고 말았죠.

두 사람은 24시간 가까이 뒤집힌 배에 매달린 채 표류해야 했습니다. 구조의 기미는 보이지 않았고, 육지는 약 20킬로미터 떨어진 곳에 있었죠. 절박한 상황에서 마이클은 결국 위험을 감수하고 직접 구조 요청을 하고자 헤엄쳐 가는 극단적인 선택을 합니다.

마이클은 와싱에게 "나는 갈 수 있을 것 같아(I think I can make it)"라는 말을 남긴 채 물속으로 뛰어들었는데요. 마이클 록펠러의 마지막 모습이었습니다.

이후 와싱은 네덜란드 당국에 의해 구조되었지만, 미국 재벌가의 막내아들이 실종되었다는 소식은 미 전역을 발칵 뒤집어 놓았습니다. 넬슨 록펠러는 막대한 재산을 총동원했고, 당시 존 F. 케네디 대통령까지 나서서 수색을 지원했죠. 하지만 2주간의 대대적인 수색은 아무런 소득 없이 끝났고, 3년 뒤 마이클은 공식적으로 익사(溺死) 판정을 받으며 사망 선고가 내려졌습니다.

하지만 그의 시신이 발견되지 않았기에, 록펠러 실종 사건은 50년 넘게 풀리지 않는 기묘한 미스터리로 남았죠.

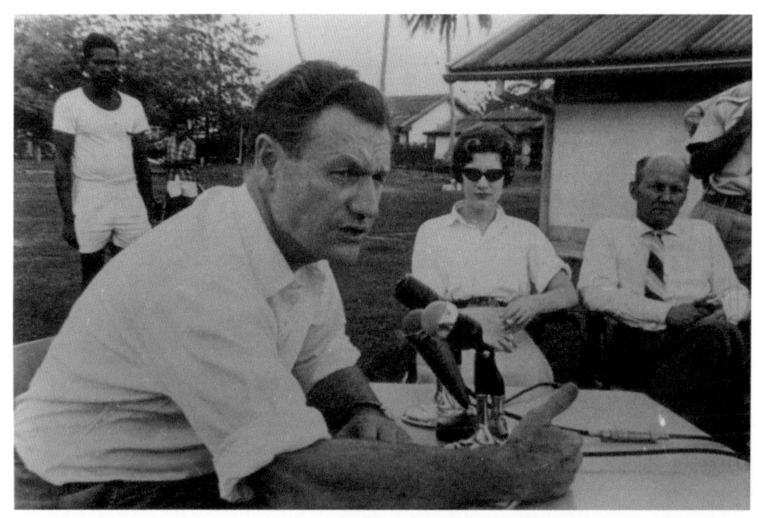

넬슨 록펠러가 아들 마이클의 실종 사건에 관련하여
인도네시아 메라우케에서 기자회견을 열고 있다

## 식인종의 복수 희생양

✦

마이클의 실종에 대해 가장 널리 알려지고 충격적인 가설은 그가 육지에 도착한 후 식인종에게 희생당했다는 것입니다.

2014년, 미국 언론인 칼 호프만은 『야만의 수확(Savage Harvest)』을 통해 이 충격적인 주장을 제기하며 미스터리를 재점화했는데요. 호프만은 당시 네덜란드 정부가 비밀리에 조사했던 내용을 입수해 공개했습니다.

호프만의 주장은 다음과 같았습니다. 마이클이 방문하기 3년 전, 아스마트 지역에서 부족 간 전쟁이 벌어지자 네덜란드 정부 요원들이 중재를 위해 파견되었고 이 과정에서 오해가 생겨 네덜란드 요원이 원주민에게 총을 쏴 여러 명을 사망하게 만드는 불상사가 발생했다는 것이죠. 이 사건으로 아스마트 부족에게 백인에 대한 깊은 증오와 복수심이 생겨났다는 것이고요.

3년 뒤 홀로 육지에 도착한 마이클이 이 복수심의 희생양이 되어 식인 풍습으로 처참하게 살해당하고 잡아먹혔다는 것이었습니

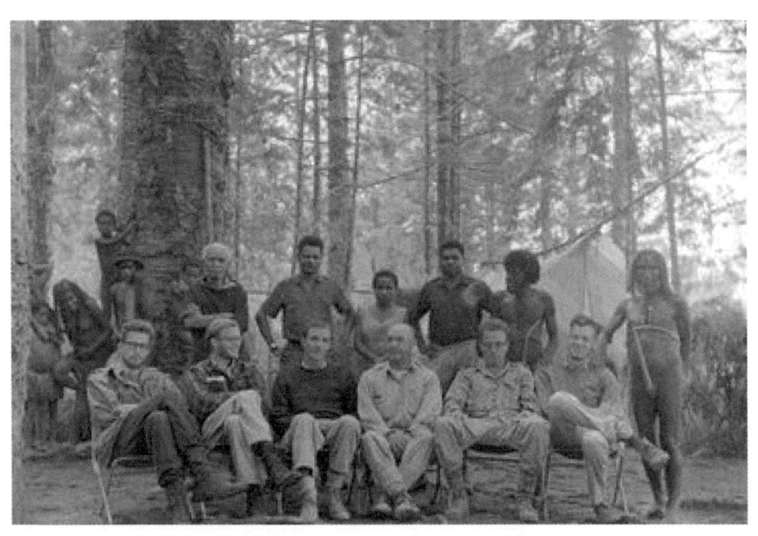

의자에 앉아 있는 사람들 중 왼쪽에서 두 번째가 마이클 록펠러,
1961년 하버드-피바디 뉴기니 탐험대 사진 ⓒ피바디고고학민속학박물관

 기묘한 세계사의 미스터리

다. 이후 공교롭게도 콜레라가 퍼져 많은 부족민이 사망하자, 원주민들은 '신이 마이클을 해친 것에 분노했다'라고 믿고 사실을 함구해 사건을 금기시했다는 것이죠.

마이클이 헤엄쳐 간 방향은 네덜란드 정부 요원의 총격 사건이 발생했던 부족 거주지와 가까웠기에, 이 가설은 상당한 신빙성을 얻었습니다. 미개한 문명에 매료되어 그들과 가까워지려 했던 재벌 상속자가, 결국 그들의 복수심에 의해 가장 잔혹한 최후를 맞이했다는 결말은 역사의 기묘한 아이러니가 아닐 수 없습니다.


## 살아남아 그들과 운명을 함께하다

✦

또 하나의 유력한 가설은 식인 풍습보다 더욱 기묘한 시사점을 던지는데요. 바로 마이클 록펠러가 살아남아 원주민들과 함께 살았을 가능성이죠.

다큐멘터리 감독 프레이저 헤스톤은 마이클의 실종을 다루는 다큐를 제작하는 과정에서, 실종 8년 후인 1969년에 미국 취재팀이 촬영했던 아스마트 지역의 필름 영상을 살펴보고 있었습니다.

영상에는 당시 지역 곳곳을 탐사하며 원주민들을 촬영한 장면이 담겨 있었는데, 헤스톤 감독의 눈에 이상한 장면이 포착되었죠.

카누를 탄 원주민들 사이에서 백인 남성 한 명이 보였던 것인데요. 백인 남성은 그들과 오래 생활한 것처럼 자연스럽게 노를 젓고 있었으며, 원주민처럼 알몸에 허리띠만 두르고 있었습니다.

헤스톤은 해당 영상을 공개하며, 마이클이 육지에 도착한 후 운 좋게 살아남아 자신이 그토록 탐구하고 싶어 했던 원시 문명 속으로 완전히 흡수되어 오랜 기간 원주민들과 같이 생활했을 가능성을 제시했습니다.

유감스럽게도 이 영상을 촬영했던 사진작가 말콤 커크는 당시 이 남성이 마이클 록펠러일 거라고 인식하지 못했고, 이 단서가 다시 발견되었을 때는 이미 50년이라는 세월이 흘러 버린 뒤였죠.

과연 야만의 문명을 탐구하고 원시에 매료되었던 재벌 상속자 마이클 록펠러는 식인종에게 처참한 복수를 당했을까요? 아니면 그토록 갈망했던 미지의 세계 속으로 완전히 녹아들어 그들과 운명을 함께했을까요?

진실은 우리가 아직 모르는 파푸아뉴기니의 깊은 오지 속에 숨겨진 채, 여전히 세계를 향해 물음을 던지고 있습니다.

# 창공의 여왕, 흔적도 없이 사라지다

## 에어하트 실종 미스터리

### 하늘의 퍼스트레이디

1937년 7월 2일, 남태평양 한가운데에서 미국의 해안경비대 이타스카 호로 긴급하고 불안정한 무전이 도착했습니다. "이타스카 호를 볼 수 없다… 연료가 바닥나고 있고, 현재 고도 1천 피트에서 비행 중이다"라고 말이죠.

이타스카 호는 태평양의 작은 점과 같은 하울랜드섬에서 위대한 여성 비행사 아멜리아 에어하트가 탑승한 비행기가 도착하기만을 기다리고 있었는데요. 그러나 오전 7시 30분경에 도착한 이 무전은 아멜리아의 마지막 교신이 되고 말았습니다.

　이타스카 호는 필사적으로 통신을 시도했지만, 그녀의 목소리는 다시 들려오지 않았죠. 아멜리아와 항법사 프레드 누난이 타고 있던 쌍발 엔진 비행기 '록히드 일렉트라' 역시 보이지 않았습니다. 마지막으로 확인된 그녀의 위치는 하울랜드섬에서 불과 10킬로미터 떨어진 지점, 남태평양의 망망대해 한가운데였습니다.

　이후 미 해군의 대대적인 수색이 시작되었지만, 바다 한복판에

아멜리아 에어하트가 1937년 7월 실종된 비행기
록히드 일렉트라 앞에 서 있는 모습

서 사라진 비행기를 찾는 건 쉽지 않았습니다. 아멜리아로부터의 마지막 교신 지점을 중심으로 폭넓은 수색 작전을 펼쳤지만, 어디에서도 그들의 흔적은 발견되지 않았죠. 심지어 비행기의 작은 잔해조차 찾을 수 없었습니다.

아멜리아 에어하트는 단순한 비행사가 아니었습니다. 그녀는 세계 최초로 대서양 횡단 비행에 성공한 여성 조종사로서 '창공의 여왕' '하늘의 퍼스트레이디'라 불리며 당시 남성의 전유물이었던 항공계에 여성으로서 독보적인 발자취를 남긴 시대의 아이콘이었죠.

그녀의 비행 여정 자체가 기묘한 집념의 결과였는데요. 일례로 1920년, 우연히 10분간의 짧은 비행 체험 후 비행사가 될 것을 운명처럼 받아들인 그녀는 1928년 여성 최초로 대서양 횡단 기록을 세우며 전 세계적인 명성을 얻었습니다. 하지만 당시 그녀가 맡은 역할은 조종이 아닌 보조 역할이었기에, 아멜리아는 심한 자괴감을 느꼈죠.

결국 그녀는 1932년 5월 20일, 대서양 단독 횡단에 재도전합니다. 이륙 직후 고도계가 고장 나고 엔진이 파손되는 위기를 맞았음에도 비행을 포기하지 않은 그녀는 14시간 56분 만에 횡단에 성공하며 세계적인 영웅으로 우뚝 섰죠. 이 공로로 그녀는 미 의회로부터 수훈 십자 훈장, 프랑스 정부로부터는 최고 영예인 레지옹 도뇌르 훈장을 받았습니다.

미국 해안경비대 함정 이타스카 호는
아멜리아의 비행을 지원하고자 하울랜드섬에 있었다

독보적인 업적을 이룬 그녀가 세운 목표는 바로 '지구 일주 비행'이었습니다. 지구의 최장 길이인 2만 9천 마일(약 4만 7천 킬로미터)의 적도를 따라 비행하는 파격적인 도전이었죠.

1937년 6월 1일, 아멜리아는 항법사 프레드와 함께 대장정을 시작했습니다. 그녀는 한 달여간 대서양과 아프리카, 아시아를 거



기묘한 세계사의 미스터리

쳐 2만 2천 마일을 비행하는 데 성공했는데요. 이제 뉴기니섬에서 재정비를 마친 후 남은 7천 마일만 비행하면 인류 역사에 길이 남을 위대한 도전을 성공적으로 끝마칠 수 있었죠.

7월 2일, 그녀는 하울랜드섬을 목적지로 마지막 비행을 시작했지만 그곳에서 기다리던 이타스카 호에 보내온 마지막 무전을 끝으로 흔적도 없이 증발했습니다.

## 미국 역사상 가장 비싼 수색의 실패

✦

아멜리아의 실종 소식은 전 세계를 충격에 빠뜨렸고, 미국 정부는 즉시 대대적인 수색 작전에 돌입했습니다. 그 규모는 상상을 초월했는데요. 미 해군과 해안경비대의 군함 아홉 척과 비행기 예순여섯 대가 동원되었고, 수색에 투입된 금액은 당시로 400만 달러(현재 가치로 7천만 달러)에 달하며 이는 미국 역사상 가장 비싼 수색 금액으로 기록되었죠.

수색대는 마지막 교신 지점을 중심으로 주변의 모든 섬과 제도를 철저하게 수색했습니다. 아멜리아와 프레드가 비행기에서 탈출해 인근 섬으로 수영했을 가능성까지 염두에 뒀으나 작은 파편 하나, 유류품 한 점조차 발견하지 못했습니다. 결국 구조대는 아멜리아 에어하트 실종 사건을 해상 추락사로 결론 내렸고, 2년 후인 1939년 1월 5일 아멜리아와 프레드는 공식 사망 처리되었죠.

하지만 세계적인 영웅의 실종에 어떠한 단서도 발견되지 않았다는 점은 대중에게 끝없는 의혹을 남겼고, 사건은 '20세기 가장 미스터리한 실종 사건'으로 회자되기 시작했습니다.


## 유골의 반전과 일본군 포로설

✦

아멜리아의 행방에 대해서는 수많은 추측과 기묘한 가설들이 제기되었습니다. 그중 가장 많이 알려진 가설이 두 가지 정도 있는데요.

첫 번째로 가드너섬에 불시착했다는 가설입니다. 연료가 부족한 상황에서 목적지 하울랜드섬 대신 근처의 가드너섬에 비상 착륙했다는 것이죠.

실제로 제2차 세계대전 중 가드너섬에서 아멜리아의 것으로 추정되는 유골이 발견되어 논란이 일었으나, 당시 조사 결과 유골은 남성의 것으로 판명되어 해프닝으로 끝나고 말았죠.

그러나 2015년 기술 발전에 따라 이뤄진 재조사로 해당 유골이 여성의 것이라는 사실이 밝혀져 아멜리아의 유골일 가능성이 높

　　　　　　　　　　　　　　　기묘한 세계사의 미스터리

아멜리아 에어하트와
프레드 누난

아지는 듯했으나, 해당 두개골의 추정 나이가 노인의 것으로 결론 나면서 가능성은 다시 희박해졌습니다. 실종 당시 40세였던 아멜리아가 제2차 세계대전 이전에 사망했다면 두개골 역시 40대 초중반의 나이여야 했기 때문입니다.

두 번째로 일본군에 포로로 잡혀 처형되었다는 가설입니다. 일부 학자들은 아멜리아와 프레드가 당시 일본군 점령 지역이었던 사이판섬에 불시착했고, 일본군에 의해 첩자로 오인되어 처형되었을 거라고 주장했는데요.

1990년 NBC 방송은 일본군이 아멜리아와 프레드를 처형하는 모습을 직접 목격했다고 주장하는 사이판 여성의 인터뷰를 방영하기도 했죠. 그러나 이를 뒷받침할 증거는 전무했으며, 사이판섬은 실종 지역과 무려 4,300킬로미터 떨어진 지점이었기에 신빙성을 얻지 못했습니다.

## 오류로 끝난 한 장의 사진

✦

수십 년간 미궁에 빠져 있던 이 사건은 2017년 다시 한번 전 세계의 이목을 집중시켰습니다. 2017년 7월, 미국의 히스토리 채널은 미국 국가문서보관소에서 아멜리아 에어하트와 프레드 누난으로 보이는 인물이 찍힌 사진을 발견했다고 주장했는데요. 사진에는 비행기로 보이는 물체까지 함께 찍혀 있었죠.

전문가들은 사진 속 인물들이 아멜리아와 프레드의 신체 비율, 머리 모양 등 외모적 특징과 상당히 흡사하다는 분석 결과를 내놓았습니다. 히스토리 채널은 아멜리아가 해상 추락이 아닌 마셜 제도 부근에 불시착해 생존했을 가능성을 제시하며 80년 만에 미스터리가 풀리는 듯했죠.

그러나 머지않아 이 사진 기록에 치명적인 오류가 있다는 것이 드러났는데요. 히스토리 채널이 제시한 사진과 완전히 똑같은 사진이 실린 책자가 일본 국립국회도서관에서 발견되었는데, 해당 책자의 발행 일자가 1935년이었던 것이죠. 아멜리아가 실종된 시점(1937년)보다 2년 전에 발행된 사진이었으므로, 사진 속 남녀는 아멜리아와 프레드가 될 수 없었습니다.

모든 추측과 가설이 허무하게 무너진 후, 아멜리아 에어하트 실종 사건은 현재까지도 풀리지 않은 채 남아 있습니다. 하늘을 정복한 시대의 영웅은, 그 누구도 알 수 없는 남태평양의 미스터리 속에 영원히 묻혀 버린 것입니다.

# 바위에 잠든 전설의 왕, 그는 허구인가

## 아서왕의 실존 미스터리

### 전설이 삼켜 버린 역사

소년 시절 바위에 박힌 성검 엑스칼리버를 뽑아 왕이 되고, 마법사 멀린의 조언 아래 원탁의 기사단을 소집해 왕국을 다스린 인물, 아서왕의 일대기는 5~6세기 이민족의 침입으로 혼란스러웠던 영국을 평정했다는 전설적인 이야기로 유럽 전역에 퍼져 있습니다.

그는 'BBC가 선정한 위대한 영국인' 중 한 명이자 유럽에서 '예수 다음으로 많이 거론된 인물'일 정도로 상징적인 존재인데요. 그러나 이토록 유명한 아서왕의 실존 여부는 고고학계와 역사학계의 수백 년 된 미스터리로 남아 있죠.

옥스퍼드대학교 고고학협회장 노웰 마이어스를 비롯한 다수의 저명한 영국 역사가들은 아서왕이 문학 속에서만 존재하는 가상의 인물이라고 강하게 주장합니다. 그들이 내세우는 결정적인 증거는 바로 '최후의 부재'죠.

역사학자의 귀중한 연구 시간을 빼앗기지 않고, 헛소문에 현혹되는 것을 막기 위해 아서왕을 교과서와 역사책으로부터 영구 추방해야 한다. 그는 로맨스 소설 속에나 존재하는 가상의 인물이다.

-옥스퍼드대학교 고고학협회장 노웰 마이어스

전설에 따르면, 아서왕은 캄란(Camlann)에서 치러진 전투에서 심각한 부상을 입고 치료를 위해 신비한 섬 '아발론(Avalon)'으로 실려 갔습니다. 하지만 그 이후의 이야기는 판본마다 제각각이라, 그가 어떻게 죽었고 어디에 묻혔는지 확실하게 전해지는 내용이 전혀 없죠.

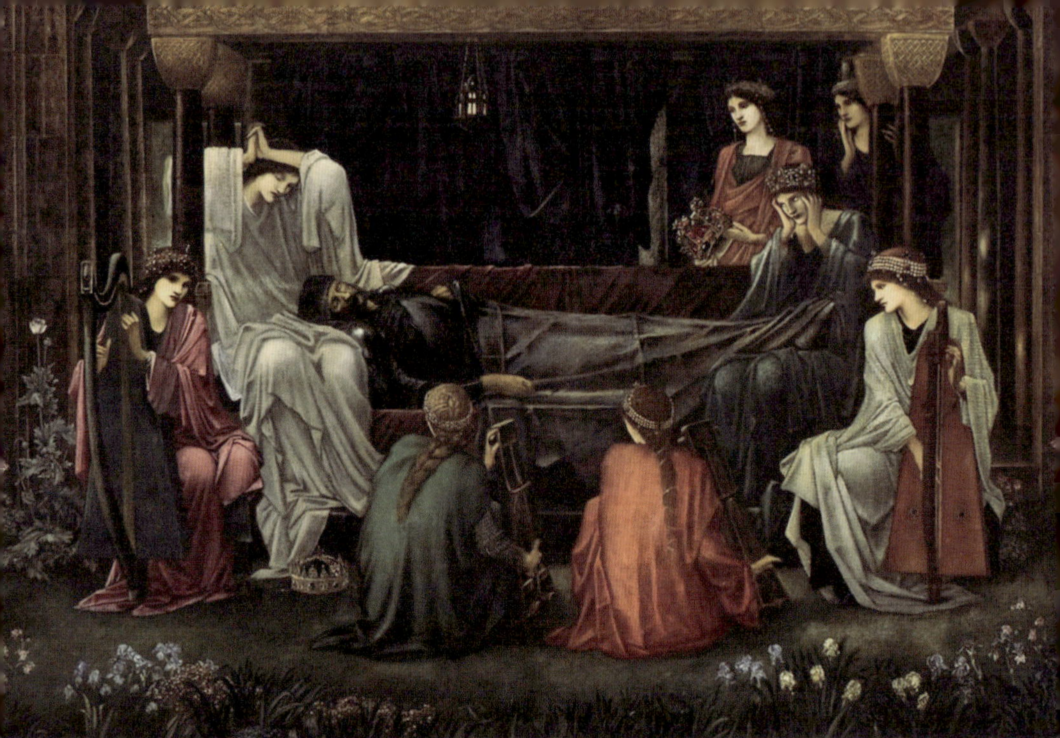

에드워드 번존스,
〈아발론에서 아서의 마지막 잠〉, 1898

## 글래스턴베리 대수도원의 거짓말

아서왕 허구설에 힘을 실어 준 사건은 중세에 일어난 '무덤 발굴 사건'입니다. 1191년, 영국 최초의 기독교 교회당이자 예수의 성배가 숨겨져 있다는 유명 성지였던 글래스턴베리 대수도원(Glastonbury Abbey) 묘지에서 충격적인 소식이 전해지는데요.

12세기 성직자 웨일스의 제럴드 기록에 따르면, 교회 마당에 세

워진 석조 피라미드 사이에서 오래된 관이 발견되었는데 그 안에
는 남녀 시신 두 구가 나란히 누워 있었다고 합니다. 관에는 '여기
아발론섬에 아서왕과 그의 두 번째 부인 기네비어가 묻히다'라는
라틴어 비문이 새겨진 납 십자가 석판이 부착되어 있었고요.

이 소식은 순식간에 유럽 전역으로 퍼져 나갔고, 글래스턴베리
대수도원은 순례 행렬과 막대한 기부금 덕분에 유럽에서 가장 부
유한 수도원이 되었습니다.

그러나 회의론자들은 이 발굴 자체를 의심합니다. 1184년 대화
재로 수도원이 완전히 파괴된 직후 이 무덤이 발견되었다는 사실을
근거로, 수도원의 재건 비용을 마련하고자 수도사들이 '아서왕의
무덤'을 조작했다는 의혹을 제기했죠. 유해는 1539년 수도원이 해
체된 이후 흔적도 없이 사라져 의혹은 더욱 증폭되었습니다.

2010년, 레딩대학교 소속 고고학자 로베르타 길크리스트는 4년
에 걸친 발굴 조사 끝에 충격적인 결론을 내렸습니다. "이곳에는
오래된 흙구덩이만 있을 뿐 아서왕이 묻혔다는 증거는 아무것도
없었다. 방사성 탄소 연대 측정 및 화학 성분 분석 검사를 수행했으
나, 그가 활동했던 5~6세기와 관련된 그 어떤 흔적도 찾지 못했다."
라고 말입니다. 수 세기 동안 성지로 여겨졌던 '아서왕의 무덤'이
결국 중세 수도사들이 만들어 낸 가짜 성지일 가능성이 제기되면
서, 아서왕은 문학 속 인물이라는 허구설에 무게가 실렸죠.

# 최초의 기록과 합성 영웅설

‘최후의 부재’와 더불어 아서왕에 대한 큰 문제는 그를 ‘최초로 기록한 문헌의 신빙성’입니다. 아서왕이 최초로 등장하는 문헌은 1130년경 성직자 몬머스의 제프리가 쓴 『브리타니아 열왕사(Historia Regum Britanniae)』인데요. 책은 기원전 12세기부터 기원후 7세기까지 약 2천 년의 고대 영국사를 담고 있는데, 저자는 자신이 본 ‘고대의 어떤 책’을 신중히 번역했다고 밝혔습니다. 문제는 그 고대의 책의 행방이 묘연해 내용을 검증할 수 없다는 것이었죠.

더욱이 『브리타니아 열왕사』에는 거인과 용이 출연하고, 마법사 멀린이 스톤헨지를 만들었다는 등 비현실적이고 초자연적인 내용이 다수 포함되어 있습니다. 이 때문에 역사학자들은 이 책을 ‘역사서’보다는 웨일스 지역의 고대 민담과 전승을 모아 놓은 ‘야화집’ 정도로 치부합니다.

하지만 허구설을 믿는 학자들조차도 “모든 전설은 실제 역사에서 비롯된다”라며 아서왕 전설에 모티브가 된 실존 인물이 있었을 거라는 가능성을 남겨 두고 있죠. 영국의 저명한 고고학자 마일스 러셀은 아서왕이 한 명의 인물이 아니라는 ‘합성 영웅설’을 주장합니다. “아서왕은 암흑기라 불리던 5~6세기 영국에서 활동했던 다섯 명의 영웅을 합성해 만든 슈퍼히어로다”라고 말이죠.

15세기 웨일스어 판본
『브리타니아 열왕사』에
실린 아서왕 삽화

  그는 아서왕 전설이 색슨족 침공에 맞서 싸웠던 로마의 장군 암브로시우스 아우렐리아누스의 일대기를 바탕으로 만들어졌으며, 로마 황제였던 콘스탄티누스 대왕과 마그누스 막시무스 등 여러 영웅의 이야기가 첨가되었다고 추정합니다. 심지어 엑스칼리버나 원탁의 기사 같은 극적인 요소들도 이탈리아 기사 갈가노 구이도티가 회개하며 검을 바위에 꽂았다는 실화처럼, 현실의 사건을 극적으로 각색한 흔적이라고 설명하죠.

# 20세기 말의 충격적인 단서

아서왕이 문학 속 인물인지 역사 속 인물인지에 대한 논쟁이 팽팽하던 1990년대 후반, 뜻밖의 장소에서 새로운 단서가 발견되었습니다. 1998년, 아서왕의 출생지로 추정되는 지역 중 하나인 영국 남서부의 작은 해안 마을 틴타젤에서 놀라운 유물이 발견되었는데요. 이 지역은 철기 시대 유물이 자주 발굴되는 곳이었죠.

아서왕 연구가 롭 트러메인의 증언에 따르면, 버려진 폐허의 배수구를 덮고 있던 돌 중 하나를 들췄는데 그 뒷면에 고대 라틴어로 "아서가 여기 있었노라"라는 의미의 비문, 일명 '아서 스톤'이 새겨져 있었다고 합니다. 그는 "측정 결과, 석판은 6세기에 만들어진 것이었다. 아서왕의 출생지로 추정되는 지역에서 '아서왕' 이름과 관련된 실물 유물이 발견된 것이다."라고 했죠.

이 석판의 발견은 전설의 왕이 현존했다고 믿는 추종자들의 믿음을 한층 더 견고하게 만들었는데요. 하지만 회의론자들은 고대 라틴어의 발음을 그대로 읽으면 '아서'가 아닌 '아스누'에 가깝다며, 단순히 비슷한 이름의 인물일 뿐이라고 반박했습니다.

30여 년이 지난 지금까지도 논쟁이 이어지는 가운데, 아서왕의 존재는 여전히 미스터리로 남아 있습니다. 그의 이야기는 마법사 멀린이 등장하는 화려한 소설일까요, 아니면 초인적인 힘 없이 전장의 흙바닥을 굴렀던 평범한 장수의 영웅담이 수 세기를 거치며 부풀려진 걸까요?

우리는 전설 속의 왕을 현실로 끌어낼 수 있는 결정적인 증거를 아직 찾지 못했으며, 아서왕의 미스터리는 오늘도 영국 곳곳의 고대 유적 속에 잠들어 있습니다.

아서왕 태피스트리(1385년)

# 쿠마온의 괴수, 마침내 적수를 만나다

## 식인 호랑이와 전설의 사냥꾼

### 2천 명의 희생과 전설의 등장

내가 쏜 짐승 앞에서 그토록 커다란 경의를 느껴 본 것은 맹세코 그 때가 처음이었다.

– 짐 코벳의 회고록 중에서

에드워드 제임스 코벳, 그는 인도 전역을 공포에 떨게 했던 식인 맹수(Man-Eater)를 종식시킨 전설적인 사냥꾼입니다. 그는 살아생전 30마리가 넘는 식인 맹수들을 사냥했으며, 그 맹수들에게 희생



기묘한 세계사의 미스터리

당한 사람들의 수를 합치면 무려 2천 명에 달한다고 전해지죠.

　코벳이 상대했던 '괴수'들의 악명은 상상을 초월했습니다. 참파와트 호랑이는 436명을 희생시킨 단일 개체로 기네스북에 등재되었고, 루드라프라야 표범은 125명을 포식했습니다. 파나의 식인 표범은 400명을 해쳤고요. 추카의 호랑이는 어린이들만 골라 습격했죠.

　코벳은 1875년 인도에서 태어나 어린 시절부터 사냥에 뛰어난 재능을 보였습니다. 아홉 살 때 엽총으로 표범을 잡기도 했으니까

1926년 짐 코벳의 총에 맞은 루드라프라야 표범

요. 그러나 숲에서 자연과 교감하며 자란 그는 10대 후반, 무의미한 사냥은 절대 하지 않겠다고 결심했는데요. 군대에 입대해 보병 장교까지 진급했던 그가, 다시 총을 들게 된 것은 인간과 자연 모두를 구하기 위한 불가피한 선택 때문이었습니다.

## 436명의 희생자를 낳은 참파와트

✦

1907년, 코벳에게 인도 정부의 공문이 도착합니다. 쿠마온 지역을 공포에 몰아넣은 한 마리의 호랑이 때문이었죠. 이 맹수는 이미 436명의 엄청난 사상자를 냈으며, 방어력이 약한 여성과 어린아이가 대부분이었습니다. 이 호랑이는 너무나 영악해 군대, 심지어 인도 최고의 정예 부대인 구르카 용병단까지 동원했지만 털끝 하나 건드리지 못했죠.

마을 주민들은 공포에 질려 마을을 떠났고, 쿠마온 지역 경제는 마비될 지경이었습니다. 정부가 마지막 수단으로 부른 인물이 바로 한때 이름을 떨쳤던 사냥꾼, 짐 코벳이었죠.

코벳은 '동물에게 절대로 총을 쏘지 않겠다'라는 자신과의 약속을 어겨야 하는 상황에 고심했습니다. 하지만 식인 맹수 한 마리 때문에 수많은 인명 피해가 발생했을 뿐만 아니라 주변의 애꿎은

　　　기묘한 세계사의 미스터리

호랑이와 짐승들까지 무차별적으로 피해를 보는 상황을 접한 후,
인간과 동물 모두를 살리고자 총을 들기로 결심하죠.

그가 사냥을 시작하기 전 정부에 요청한 것은 한 가지였습니다.
호랑이에 걸린 막대한 현상금을 취소시켜 달라는 것이었는데요.
어리숙한 사냥꾼들을 불러들이는 현상금은 오히려 호랑이에게 사
냥당하는 결과를 낳았고, 코벳의 추적에 방해만 될 뿐이었죠.

코벳은 이 암컷 벵골 호랑이, 일명 참파와트 호랑이가 몸집은 거
대하지 않지만 지능적으로 몸을 숨기고 움직이는 '그림자 같은 스

전설적인 사냥꾼,
짐 코벳

타일'일 거라 유추했습니다.

추적 중 코벳은 참파와트 호랑이가 쇠 냄새에 극도로 민감하다는 사실을 알아냈죠. 이것이 바로 군대와 용병단의 추적을 모두 피할 수 있었던 이유였습니다. 쇠 냄새를 맡으면 곧 자취를 감추고 다른 곳에서 다시 습격하는 영악함을 보였던 것입니다.

상황을 파악한 코벳은 기발한 묘수를 떠올립니다. 희생당한 열여섯 살 소녀의 핏자국을 따라 추격을 시작한 코벳은, 마을 사람들을 대거 동원해 농기구를 들고 산 위에서 아래로 내려오게 했죠. 짙은 쇠 냄새를 맡은 참파와트는 코벳의 예상대로 산 아래로 내려올 수밖에 없었습니다.

산 아래 덤불 속에는 코벳이 대기하고 있었는데, 그는 완벽하게 자신의 체취와 쇠 냄새를 지우고자 온몸에 진흙을 바르고 가축의 배설물까지 뒤집어쓴 기묘한 모습이었죠.

코벳은 완벽히 방심한 참파와트를 향해 방아쇠를 당겼고, 436명을 희생시킨 식인 호랑이는 최후를 맞이했습니다. 코벳은 이 첫 사냥의 현상금을 정중히 거절하고 피해 가족들을 위해 써 달라고 부탁했죠.

그가 밝혀낸 참파와트의 식인 이유는 단순했는데요. 참파와트는 늙고 병든 상태였으며 오른쪽 어금니마저 부러져 있었습니다. 야생동물을 사냥할 힘이 부족했던 호랑이가 비교적 사냥이 쉬운

     기묘한 세계사의 미스터리

인간, 그중에서도 여성과 아이들을 노렸던 것입니다. 냄새에 민감하고 지능적이었던 야수의 본능과 인간의 피 맛에 깊이 길들여진 결과였죠.

## 3미터 괴수 '독신자'와의 결투

✦

참파와트 호랑이가 코벳의 가장 유명한 일화라면, 코벳이 '일생의 숙적'으로 꼽은 맹수는 따로 있었는데요. 바로 '파월가의 독신자(Bachelor of Powalgarh)'라는 수컷 벵골 호랑이였죠.

이 호랑이는 1920년부터 10년간 활동하며 200명 이상의 사람을 포식했습니다. 마을 사람들은 10년간 짝 없이 홀로 다녔던 이 호랑이를 공포의 대상이라는 의미로 '독신자'라고 불렀죠. 정부가 극단적인 벌목으로 독신자의 터전을 잃게 하자, 이 호랑이는 공교롭게도 코벳이 살던 집 근처 숲에 새 보금자리를 정했습니다.

1930년 겨울, 코벳은 산책 중 발견한 호랑이 발자국 크기에 경악했습니다. 이제껏 본 어떤 호랑이보다 컸으며, 추정 크기는 무려 3미터가 넘는 거대한 괴수였죠. 코벳은 다음 날 집 근처 호수에서 이 독신자와 처음 마주쳤습니다.

독신자와의 첫 대면이었다. 호랑이는 덤불 속에서 느리게 걸어 나오더니, 나에게 두 눈을 고정시킨 채 호수에서 목을 축이고 돌아갔다. 그것은 내가 살면서 본 어떠한 광경보다도 웅장하고, 아름다웠다.

참파와트가 늙고 영악했다면, 독신자는 지능과 더불어 엄청난 크기와 힘을 가진 말 그대로 괴수였습니다. 코벳은 자신이 겪을 가장 어려운 싸움이 될 것임을 직감했죠.

코벳은 독신자를 유인하고자 나무 위로 올라가 호랑이 울음소리를 흉내 내는 기발한 방법을 썼는데요. 독신자를 유인하는 데 성공한 코벳, 하지만 독신자는 코벳의 예상보다 훨씬 날렵했습니다. 30초 후에 도달할 거라 생각하고 속으로 숫자를 세었지만, 8까지 세었을 때 독식자는 이미 10미터 앞 덤불까지 접근해 거대한 머리를 내밀었죠.

코벳은 조용히 총구를 겨눴지만, 가까이서 본 독신자의 위엄에 압도당해 방아쇠를 당기지 못하고 손가락 끝이 떨리는 전율을 겪었습니다. 간신히 발사한 총알은 조준했던 머리 중앙이 아닌, 오른쪽 눈 아래를 맞추는 명포수답지 않은 실수를 낳고 말았죠.

총에 맞은 독신자는 숲이 떠나가라 포효하며 난동을 부렸고, 코벳은 독신자의 주의를 끌지 않고자 30분 동안 한 자세로 엎드려 공포의 시간을 견뎌야 했습니다. 코벳은 훗날 이때를 "지옥에 빠

 기묘한 세계사의 미스터리

'파월가의 독신자'를 죽인 짐 코벳

진 듯한 기분이었다"라고 회고했습니다.

다음 날 추적 중, 코벳은 독신자가 몸을 뉘였던 피 웅덩이와 두 개골 조각을 발견했습니다. 며칠 후, 코벳은 나무 그늘 아래에서 쉬고 있는 거대한 호랑이를 발견했지만 자신이 쏜 독신자인지 확신할 수 없어 죄 없는 호랑이를 죽이는 모험을 하지 않기로 했습니다. 하지만 그 호랑이가 앉았던 자리에 피 흘린 자국이 발견되면서, 머리에 총을 맞고도 3일이 되도록 살아남아 있던 독신자였다는 사실이 뒤늦게 밝혀졌죠.

코벳은 부상당한 독신자가 목을 축이러 올 거라 예상하고 근처 개울에 잠복했습니다. 코벳이 독신자를 발견했을 때, 거대한 호랑이는 이미 뛰어들 자세를 취하고 코벳을 노려보고 있었죠. 코벳은 이번에는 주저 없이 방아쇠를 당겼고, 10년 넘게 지역을 공포로 몰아넣었던 괴수는 마침내 최후를 맞이했습니다.


## 사냥꾼에서 자연보호가로

✦

식인 맹수 사냥을 평생 이어가던 코벳은 문제의 근본적인 원인을 파악했습니다. 서식지 파괴로 야생동물들이 사냥감을 잃고 인간을 공격하게 된다는 사실이었죠.

그는 인도 정부에 야생동물이 터전으로 삼을 수 있는 국립공원 건립을 제안했습니다. 당시 '동물 보호' 개념은 생소하기 이를 데 없었거니와 야생동물 보호를 위한 국립공원은 더더욱 생소할 수밖에 없었는데요. 수많은 식인 맹수를 사냥해 국민적 영웅으로 추앙받던 코벳의 요청은 받아들여졌죠.

이 공원은 그의 이름을 따 '짐 코벳 국립공원'으로 명명되었으며, 수많은 야생동물의 보금자리가 되었습니다.



기묘한 세계사의 미스터리

짐 코벳은 63세에 사냥을 은퇴하고 케냐에서 여생을 보냈습니다. '동물을 위해 동물을 사냥했던' 전설의 사냥꾼 짐 코벳의 영화와도 같은 이야기는, 이제 그의 이름이 붙은 국립공원과 함께 인도의 전설로 내려오고 있습니다.

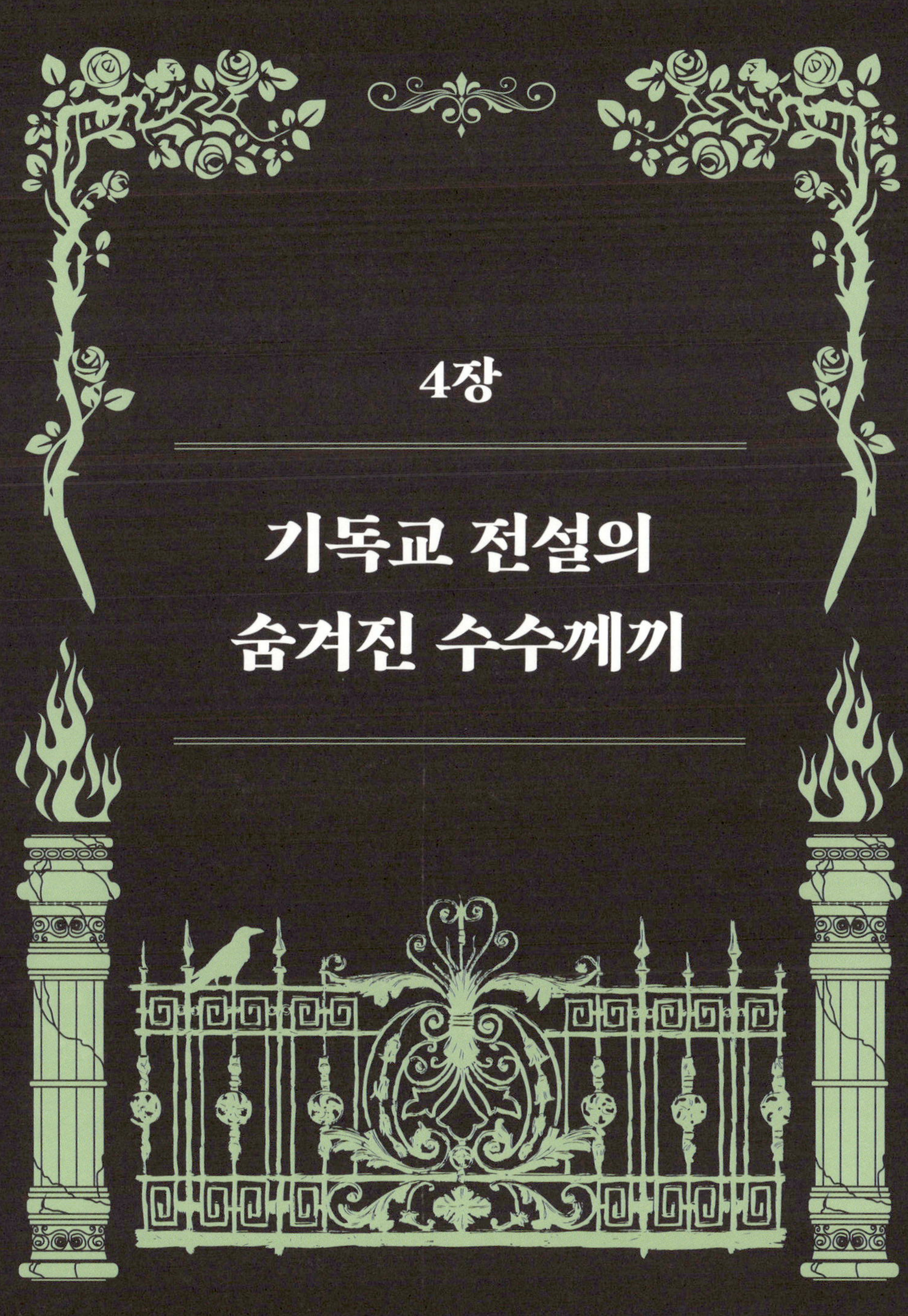
4장

기독교 전설의
숨겨진 수수께끼

# 3미터 육손 거인 장수의 비밀

## 성서 속 골리앗의 흔적들

### 고고학자, 거인 골리앗의 고향을 파헤치다

이스라엘과 팔레스타인 지역은 수천 년 역사의 비밀을 간직한 채 오늘날까지 이어져 내려오고 있습니다. 그중에서도 많은 이들의 호기심을 자극하는 것은 바로 성경 속 이야기의 실재 여부인데요.

구약성서에 등장하는 블레셋의 거인 장수 골리앗은 오랫동안 허구의 인물 혹은 비유적 상징으로 여겨져 왔죠. 하지만 최근 고고학적 발견과 과학적 추론은 이 거인이 단순한 신화 속 존재가 아닐 수 있다는 기묘한 증거들을 제시하며 세계를 놀라게 하고 있습니다.

텔 에스 사피 유적 발굴 현장

성경 「사무엘기 상권」에 따르면, 골리앗은 블레셋의 5대 도시 중 하나인 가드(Gath) 출신입니다. 이스라엘의 바일란대학교 고고학자 아렌 메이어 박사는 10대 시절부터 이 미스터리한 도시, 가드를 직접 발굴하겠다는 원대한 꿈을 꿨고 마침내 1997년 동료들과 함께 발굴 후보지 중 하나였던 팔레스타인의 마을 텔 에스 사피(Tell es-Safi)에 역사적인 첫 삽을 뜹니다.

텔 에스 사피는 기원전 5천 년 이후부터 문명 활동이 꾸준히 이어져 온 유구한 역사의 장소입니다. 지리적, 역사적 조건이 성경 속 가드와 가장 높은 일치율을 보였기에, 학계에서는 이곳에 골리앗의 기원과 비밀이 숨겨져 있을 거라는 소문이 무성했죠. 메이어 박사의 발굴 작업은 이 소문이 단순한 뜬소문이 아니었음을 증명했습니다.

## 고대 거대 도시 '가드'의 실체를 만나다

✦

1997년부터 시작된 발굴은 놀라운 성과를 보이며 고대 도시 유적의 실체를 드러냈습니다. 기원전 10세기에서 9세기의 철기 시대 유적지로 밝혀진 이 도시에는 공공건물, 사원, 숙소 등의 건축물들이 존재했고, 도시 외곽은 단단한 벽으로 요새화되어 있었죠.

이 유적의 규모는 당시 해당 지역의 다른 도시나 정착지의 두 배가 넘는, 무려 50헥타르(약 15만 평)에 달했는데요. 메이어 박사는 이 압도적인 크기를 근거로 가드가 블레셋의 5대 도시 중 가장 중요하고 거대한 도시였을 거라고 추정했죠.

요새의 너비는 약 4미터로 다른 도시들의 두 배 이상이었고, 도시를 이루는 석재 블록과 건물의 전체 크기 역시 보통의 철기 시대 건축물보다 훨씬 거대했습니다.

이렇듯 비정상적으로 거대한 도시와 건물 크기는 단순한 건축적 특징을 넘어섭니다. 메이어 박사 연구팀은 이 거대한 공간에서 생활했던 가드인들이 보통 사람보다 더 큰 신장을 가졌을 가능성을 조심스럽게 제기했는데요. 정말로 성경에 언급된 것처럼 골리앗과 같은 거인들이 이곳에 살았던 것일까요?

## '골리앗'의 이름이 새겨진 오스트라콘

✦

발굴을 거듭하던 중, 메이어 박사팀은 이 도시가 성경 속 골리앗의 고향이라는 의혹을 확신으로 바꾸는 결정적인 증거를 발견했습니다. 그것은 바로 오스트라콘(ostracon)이라고 불리는 작은 도기 조각이었죠.

이 도기 조각에 새겨진 비문에는 'LWT(לואת)' 또는 'WLT(ולת)'라는 글자가 쓰여 있었는데, 성서 속 골리앗을 뜻하는 'GLYT(גלית)'와 매우 유사한 철자와 문양을 갖고 있었습니다.

이 이름은 인도-유럽어 계통의 블레셋 이름으로 추정되는데, 이스라엘 측 이름인 '골리앗'보다 훨씬 이전에 블레셋 도시 가드에서 이와 유사한 이름이 사용되었음을 보여 주는 가장 초기의 비문 중

거죠. 이 발견은 가드 유적지가 성경 속 골리앗의 출생지였음을 강력하게 뒷받침하며, 골리앗이라는 인물의 실재 가능성을 한층 높여 줬습니다.

## 과학이 밝혀낸 거인 장수의 비밀

✦

성경에 묘사된 골리앗은 키가 무려 3미터에 달하고, 입고 다니는 갑옷의 무게만 50킬로그램, 창날의 무게만 7킬로그램에 달했다고 하죠. 그야말로 괴력을 소유한 거인이었습니다. 오늘날의 기준으로도 납득하기 어려운 이 수치 때문에 골리앗은 오랫동안 허구의 인물로 치부되었죠.

그러나 현대 의학과 유전학 전문가들은 골리앗의 거대한 체구가 특정 질병으로 인한 것일 수 있다는 흥미로운 가설을 제시했는데요. 2014년, 퀸즈대학교의 디어드리 도넬리와 유전학 전문가 패트릭 모리슨은 골리앗이 '유전성 뇌하수체 장애', 즉 말단비대증(Acromegaly)을 앓았을 거라는 논문을 발표했습니다.

말단비대증은 성장 호르몬이 과도하게 분비되어 신체의 말단 부분이 비정상적으로 커지는 질환으로, 이로 인해 키가 거대해질 수 있으며 두개골과 턱뼈 역시 커지죠. 또한 뇌하수체 종양은 시신

오스마르 쉰들러, 〈다윗과 골리앗〉, 1888

경을 압박해 시각 장애(특히 측면 시야)를 유발할 수 있고요.

신경학자 블라디미르 베르기너 역시 2000년에 이미 이 가설을 제시한 바 있습니다. 그는 18세기 회화 속 골리앗의 모습에서 말단비대증의 징후를 발견할 수 있다고 주장했는데요. 이 과학적 추론은 골리앗의 죽음까지 설명합니다. 측면 시야가 좁아진 골리앗은 다윗의 돌팔매 공격을 피하기 어려웠고, 거대한 머리는 맞추기 쉬운 표적이 되었다는 것이죠. 다윗의 돌에 맞아 두개골 손상을 입은 골리앗은 비대한 머리 무게를 이기지 못하고 고꾸라지며 뇌진탕을 일으켜 싸움의 승패를 갈랐다는 기묘한 분석입니다.


## 육손 거인족의 후예, 골리앗과 그의 자손들

놀랍게도 성경은 골리앗의 거대함이 유전적으로 이어졌음을 시사합니다. 「사무엘기 하권」 21장 20절에는 골리앗의 후손으로 추정되는 한 거인에 대한 기록이 등장합니다.

또 가드에서 전쟁이 벌어졌을 때 키 큰 자 하나가 나타났는데, 그는 손가락과 발가락이 여섯 개씩 모두 스물넷이었다. 이 사람도 거인족의 자손 가운데 하나였다.

 기묘한 세계사의 미스터리

이 거인은 엑사닥틸루스(Exadactylus)라는 별칭으로 불렸으며, 손가락과 발가락이 각각 여섯 개씩인 다지증(Polydactyly)을 앓았습니다. 다지증은 선천적 발달 이상으로, 다양한 유전 증후군의 한 증상으로 나타날 수 있죠.

하지만 이 대목은 또 다른 미스터리를 낳습니다. 성경은 그들을 단순히 '키가 큰 인간'이 아닌 '거인족의 자손'이라고 명시합니다. 이 기록은 골리앗의 거대함이 단순히 질병 때문이 아니라, 학술적으로 아직 밝혀지지 않은 '거인족'이라는 별도의 종족적 특성일 수

『세르베라의 성경』(1299~1300)
「사무엘기」의 한 페이지

있다는 설을 제기하죠. 실제로 세계 각국의 고대 거인 전설에는 유독 손가락과 발가락이 여섯 개씩이었다는 기록이 많습니다.

골리앗과 그의 자손들은 말단비대증을 앓았던 '인간'이었을까요? 「민수기」 13장 25~33절의 기록처럼, 이스라엘 백성이 봤다는 '키가 장대 같은 사람들'이자 '처음 보는 거인족'의 후예였을까요?

우리가 정탐하고 온 땅에 들어가 살려다가는 도리어 잡아 먹힐 것이다. 거기에는 키가 장대 같은 사람들이 있는데, 거기에는 처음 보는 거인족들도 있더라.

블레셋 도시 가드가 실제로 발견된 지금, 남은 것은 거인 골리앗에 대한 증명뿐입니다. 고고학, 유전학 그리고 성경의 기록이 씨실과 날실처럼 엮이며, 키가 3미터에 달하는 역사적 거인 골리앗이 실존 인물이었다는 기묘한 미스터리는 점점 더 현실로 다가오고 있죠. 성경 속 거인족의 비밀을 파헤친 다음 발견은 무엇일까요?

# 대홍수 사건은 신화인가 역사인가

## 실재하는 노아의 방주 미스터리

## 홍수 신화는 역사의 거울인가

인류의 가장 오래된 기록 중 하나인 구약성서의 '노아의 방주' 이야기는 오랫동안 신앙과 신화의 영역에 머물러 있었습니다. 하나님이 내린 대홍수가 세상을 휩쓸고 노아의 가족과 생명들만이 거대한 배에 실려 구원받았다는 이 이야기는 독자들에게 경외감을 주지만, 현실성은 의심 받아 왔죠.

노아는 방주를 완성한 후 하나님의 명령에 따라 그의 가족과 생물들을 배에 들여보냈다. 그 후 40일 동안 비가 내려 물이 온 땅에 덮히므로 모든 생물이 죽었다.

그러나 놀랍게도 이 이야기가 단순한 신화가 아닐 수 있다는 강력한 증거가 고대 메소포타미아 문명에서 발견되었는데요. 19세기, 수메르 유적지에서 발굴된 『길가메시 서사시』 점토판에는 성경의 대홍수 기록과 놀랍도록 유사한 이야기가 담겨 있었습니다.

신이 홍수를 일으켜 세상의 모든 인간과 동물들을 멸망시키려 했다. 신은 인간에게서 한 사람을 골라 나무 방주를 짓게 했으며 몇몇 사람과 동물들을 그 배에 실었다.

『길가메시 서사시』는 그 원형이 기원전 1800년경까지 거슬러 올라가는, 구약성서보다 훨씬 앞선 시기에 기록된 고문헌입니다. 학자들은 이 발견을 통해 기묘한 가설을 제시했는데요. 성경의 대홍수 사건은 『길가메시 서사시』의 토대가 된 고대의 실제 역사적 재앙을 기원으로 했을 것이며, 이 설화에 종교적 의미와 살이 붙어 노아의 방주 이야기로 성서에 정착되었다는 것이죠. 신화와 역사가 뒤섞인 이 미스터리는 이제 과학적 탐구의 대상이 되었습니다.

『길가메시 서사시』의
일부가 기록되어 있는
점토판

# 노아의 홍수, 흑해 대격변설

미국 콜롬비아대학교의 윌리엄 라이언 박사와 월터 피트먼 박사
는 노아의 방주를 있게 한 '대홍수' 사건 자체를 과학적으로 파헤치
기 시작했습니다. 그들이 지목한 대홍수의 발생지는 바로 유럽과
서아시아 사이에 있는 흑해입니다.

두 박사는 약 1만 년 전 흑해와 지중해를 잇는 보스포루스 해협
이 존재하지 않았으며, 흑해는 거대한 담수호였다고 주장했는데

요. 당시 흑해의 수위는 건조한 지형 탓에 낮아지고 있었지만, 비슷한 시기 빙하기가 끝나면서 녹은 빙하가 흘러든 지중해의 수위는 역으로 높아지고 있었다는 것이죠. 이 때문에 두 수면 사이에는 최대 수백 미터에 달하는 엄청난 차이가 발생했고요.

현재의 튀르키예 부근에서 대규모 지진과 같은 자연재해가 발생해 두 바다를 막고 있던 지형이 무너져 내렸고, 지중해의 바닷물이 흑해 담수호로 걷잡을 수 없이 쏟아져 들어오면서 일어난 급격한 자연적 대격변이 바로 고대 기록 속 대홍수의 실체일 수 있다고 분석합니다.

이러한 주장을 뒷받침하는 기묘한 증거는 흑해에서 발견된 '조개 화석'인데요. 흑해 바닥에서는 담수에서 서식하는 조개, 해수에서 서식하는 조개, 그리고 두 환경 모두에서 사는 조개 화석이 혼재된 채로 발견되는데, 흑해가 담수호에서 바다로 순식간에 바뀌는 격렬한 환경 변화를 겪었음을 강력하게 시사하죠.

라이언 박사는 이 홍수가 문명을 절멸시킬 만한 재앙이었는지는 알 수 없으나, 흑해 일대에 급격한 환경 변화가 있었다는 것은 확실하다고 말했습니다. 그는 방주가 도착했다는 아라라트산(Mount Ararat)이 흑해 인근에 위치한다는 점 또한 이 대홍수 사건과 무관하지 않을 거라고 추정하며, 대홍수가 먼 과거에 일어난 실제 역사적 사건이라는 가능성에 무게를 더했죠.

에드워드 힉스, 〈노아의 방주〉, 1846

## 전설의 종착지에서 발견된 거대한 흔적

＋

대홍수가 실제 사건일 수 있다는 과학적 근거가 마련되자, 이제 시선은 성경이 방주의 정착지로 기록한 튀르키예의 아라라트산으로 쏠립니다.

튀르키예 아라라트산 두루프나르 지대

그리고 놀랍게도 이 산 인근에서 커다란 배의 흔적으로 보이는 나무 화석이 발견되면서 미스터리는 절정에 달했습니다.

이 거대한 배 모양의 지형은 1977년 고고학자 윌리엄 와트팀에 의해 발견되었으나, 당시에는 자연적으로 발생할 수 있는 지형이라는 반박에 부딪혀 인정받지 못했는데요. 방주의 실재를 믿는 이들은 몇몇 점을 들어 '노아의 방주'의 잔해라고 주장했죠.

성경 속 노아의 방주가 머물렀다는 아라라트산에서 발견되었다는 점, 성경에 기록된 방주의 크기와 동일하다는 점, 일반적인 암석 지형이 아닌 오래된 나무 화석이라는 점 등이었습니다.

비록 아라라트산이 고산 지대이자 국경 지대에 위치해 있어 조사에 난항을 겪었지만, 이 산에서 노아의 방주를 목격했다는 기록은 수천 년 전부터 이어져 왔죠.

아르메니아의 어떤 산꼭대기에 큰 배의 조각이 있다고 하는데, 전승에 따르면 이것이 노아의 방주와 연관되어 있다고 한다. 사람들이 배에서 역청(배의 방수 처리를 위해 바르는 액체) 조각을 떼어다가 화를 물리치는 부적으로 사용하고는 했다.

-요세푸스 유대 고대사 기록, 93년

아라라트산 정상에서 거대하고 검은 물체를 봤다.

-아르메니아 역사가 히파프, 1254년

노아의 방주가 눈 덮인 아라라트산 정상에서 쉬고 있다.

-마르코 폴로, 『동방견문록』, 1269년

아르메니아의 한 성당에서 노아의 방주 나무로 만들었다는 십자가를 봤다. 1840년, 아라라트산 지역에 강한 지진이 발생해 성당이 파괴되었으며 방주 역시 파괴되어 그 모습을 상당 부분 소실했다.

-프레드리히 패롯, 1840년

특히 1916년 러시아 비행사 로스코비카 중위의 목격담과 러시아 니콜라스 황제의 명령으로 1917년 파견된 조사팀이 방주를 실제로 발견하고 사진과 크기를 기록했다는 목격담(공산당 혁명으로 자료는 소실되었지만)은 이 미스터리를 단순한 전설로 치부하기 어렵게 만듭니다.

## 자연이 빚을 수 없는 인공물의 증거

21세기에 접어들면서, 첨단 기술을 이용해 아라라트산의 미스터리 형상을 더 깊이 들여다보기 시작했습니다.

2021년 10월 6일, 이스탄불대학교의 응용지구물리학과 앤드류 존스 박사는 최첨단 3D 스캔 기술로 이 거대한 나무 화석 지형을 조사했는데요. 그 결과는 놀라웠습니다.

화석의 표면 아래에서 인공적으로 보일 만큼 명확한 평행선과

직각 형태의 지형이 포착된 것이죠. 존스 박사는 이 결과를 토대로
충격적인 결론을 내렸습니다.

이것은 절대 자연적으로 형성될 수 있는 지질학적 특징이 아니다.
이 화석이 노아의 방주가 아닐 수는 있어도, 먼 과거 인간(또는 지적
존재)에 의해 만들어진 인공물임에는 틀림없다.

아라라트산의 거대한 배 모양 지형이 단순한 지질학적 우연이
아니라 고대의 인공물일 가능성을 시사하며, 노아의 방주 미스터
리에 새로운 불을 지폈습니다.

게다가 아라라트산 꼭대기에서 조개류 화석이 유독 많이 발견
되는 현상 또한 주목할 만합니다. 바다 생물이 고산 지대에서 발견
된다는 것은, 대홍수설처럼 산 전체를 덮을 만큼 거대한 물결이 이
지역을 휩쓸고 지나갔던 과거의 재앙을 증언하는 증거일 수 있죠.

성경 속 신화가 고대 문헌, 과학적 지질학, 그리고 최첨단 스캔
기술을 통해 현실의 영역으로 서서히 모습을 드러내고 있습니다.
아라라트산에 잠들어 있는 이 거대한 인공물은 과연 수천 년 전 인
류의 역사를 구원한 '노아의 방주'의 잔해일까요? 이 기묘한 미스
터리는 인류에게 여전히 가장 오래된 수수께끼로 남아 있습니다.

# 롱기누스 성창의 비밀과 권능

예수를 찌른 창, 성물인가 마물인가

## 성물인가 마물인가, 예수를 찌른 창의 전설

십자가에 못 박힌 예수 그리스도의 죽음을 확인하고자 사용되었 던 단 하나의 무기, 바로 롱기누스의 창(Lance of Longinus)입니다. 이 창은 기독교 역사상 가장 기묘하고 또 논란 많은 성물(聖物)로, '운명의 창(Spear of Destiny)' 또는 '성창(Holy Lance)'이라 불리며 수많 은 제왕의 손을 거쳤죠.

롱기누스 성창에 얽힌 전설은 그 자체로 미스터리입니다. 창으 로 예수의 옆구리를 찌른 로마 병사의 이름은 전승에 따라 '롱기누

스'라고 알려져 있는데요. 그는 당시 앞이 보이지 않는 시각 장애
인이었는데, 창을 찌르는 순간 튄 예수의 피가 눈에 닿자마자 시력
을 회복하고 개안했다는 이야기가 전해집니다. 이 기적에 감복한
롱기누스는 기독교인이 되어 순교했고, 이후 성인 '성 롱기누스'로
공경받기에 이르죠.

십자가에 못 박힌 예수의 옆구리를
창으로 꿰뚫는 모습을 묘사한 프레스코화(1440년)

군사 하나가 예수님께 가서는 창으로 그분의 옆구리를 찔렀다. 그
러자 곧 피와 물이 흘러나왔다.

-「요한복음」 19장 32~34절

이 전승으로 롱기누스 성창은 파괴의 힘(예수의 죽음을 확인)과 치
유의 힘(롱기누스의 개안)을 동시에 지닌 이중적인 성물로 불리게 되
었습니다.

고대로부터 근대에 이르기까지 관련된 전설이 끊임없이 전해
지는데요. 이 창을 소유한 자는 대상이 무엇이든 제패하는 '승리의
권능'을 갖고, 이 창을 활용하는 자는 어떤 병이라도 치료하는 '기
적'을 행할 수 있다는 것이죠. 또한 전설에 따르면, 이 창은 약 1천
년 동안 45명의 제왕을 거쳐 왔다고 합니다. 롱기누스 성창은 단
순한 유물이 아니라, 시대를 지배하는 '힘의 상징'이었던 것입니다.

## 유럽의 제왕들, 성창에 집착하다

롱기누스 성창을 소유했던 인물들의 목록은 유럽 역사의 중추를
관통합니다. 그들이 이 창을 단순한 유물이 아닌 승리의 부적처럼
여겼다는 사실은 기묘한 우연을 넘어서죠. 그중 대표적 인물을 간

략해 소개해 보겠습니다.

우선 로마 제국 제44대 황제 콘스탄티누스 대제(콘스탄티누스 1세)가 있습니다. 롱기누스 성창의 첫 소유자로 알려진 그는 창을 항상 몸에 지니고 다녔다고 하는데요. 분열되어 있던 로마 제국을 재통일하는 위업을 달성했습니다.

다음으로 카롤루스 마르텔입니다. 그는 프랑크 왕국의 두 번째 왕조인 카롤루스 왕조 개창자 피핀 3세의 아버지이자 '유럽의 아버지'로 불릴 만큼 위대한 카롤루스 대제의 할아버지죠. 서기 732년, 투르-푸아티에 전투(Battle of Tours and Poitiers)에서 이슬람 군대의 진격을 저지하고 유럽을 구원해 이름이 드높습니다.

그리고 카롤루스 대제도 있습니다. 서유럽을 최초로 통일해 프랑크 왕국을 세웠으며, 롱기누스 성창을 지닌 채 마흔일곱 번의 전투에서 모두 승리했다고 전해지죠. 죽을 때까지 성창을 놓지 않았다고 합니다.

이후에도 롱기누스 성창은 신성 로마 제국 황제들의 상징이자 보물로서 대대로 계승되었습니다. 우연인지 필연인지, 창을 소유했던 이들은 실제로 시대를 호령한 강력한 지도자들이었데요. 이 전설적인 힘에 대한 열망은 나폴레옹 보나파르트에게까지 이어졌죠. 그 역시 롱기누스 성창을 얻고자 전 유럽을 수소문했지만 끝내 창을 손에 넣지 못했다고 합니다.

## 20세기 최악의 집착, 히틀러와 성창

롱기누스 성창의 마지막 소유자로 알려진 인물은 놀랍게도 20세기 최악의 독재자, 아돌프 히틀러였습니다.

1912년, 오스트리아 비엔나의 호프부르크 왕가 박물관에서 왕가의 소유로 전해져 내려오던 롱기누스 성창을 처음 접한 히틀러는 운명적인 끌림을 느꼈죠.

당시 학예관 발터 슈타인으로부터 "이 신성한 창을 소유한 이는 곧 세계의 통치자가 된다"라는 전설을 전해 들은 그는 이 순간이

오스트리아 비엔나 호프부르크 왕가 박물관에 전시된
롱기누스 성창 ©Falk2

  기묘한 세계사의 미스터리

자신의 생애 가장 중요한 순간이 될 거라고 직감했다죠.

히틀러는 창을 소유하고자 집착을 보였고, 마침내 20여 년이 지난 1938년에 오스트리아를 무력으로 통합하며 비엔나로 입성하자마자 롱기누스 성창을 손에 넣었죠. 이후 히틀러의 나치 독일은 연전연승하며 유럽을 장악하기에 이르렀습니다. 그러나 이 기묘한 권능은 오래가지 못했는데요. 1945년 4월 30일, 히틀러는 베를린의 벙커에서 자살로 생을 마감하고 말았습니다.

이때 전해지는 기이한 후문이 있습니다. 미 연합군이 뉘른베르크성 지하의 나치 금고실에서 롱기누스 성창을 입수하자마자 히틀러의 사망 소식이 들려왔다는 것이죠. 창을 소유한 자는 승리하고 잃는 순간 몰락한다는 전설이 현실이 된 듯한, 섬뜩한 우연이 아닐 수 없습니다. 이후 롱기누스 성창은 원래 소우쥔인 비엔나의 호프부르크 왕가 박물관에 반환되었습니다.

## 과학적 반전, 성창의 연대 미스터리

롱기누스 성창은 마침내 과학적 조사의 기회를 얻게 됩니다. 2003년 다큐멘터리를 준비 중이던 영국의 야금학자 로버트 페더 박사는 롱기누스 성창을 형광 엑스선으로 검사한 결과, 충격적인 사실을 밝혀내는데요.

창날의 제작 연대가 고대 로마 시대가 아닌, 7세기경으로 추정된 것이죠. 창의 모양새 또한 7세기에서 9세기 사이에 일반적으로 사용된 창의 형태와 유사하다는 점에서 더욱 신빙성을 얻었습니다. 만약 이 결과가 사실이라면, 호프부르크 왕가 박물관의 창은 예수 그리스도를 찔렀던 '롱기누스 성창'이 될 수 없는 것이죠.

미스터리는 여기서 끝나지 않았습니다. 페더 박사는 창날의 세부 구조가 일반적인 7세기 창과 묘하게 다르다는 점에 주목했습니다. 해당 창은 날 중간에 큰 정을 덧대 철사로 감싼 뒤 금박을 입힌 형태였는데, 정의 모양이 놀랍게도 고대 로마 시대의 것과 완벽하게 일치했던 것이죠. 이에 학자들은 기묘한 지역 전설을 통해 이 시대적 오류를 설명하고자 했는데요.

카롤루스 대제는 '성창'이 아닌 '성정(Holy Nail)'을 소유했다. 그는 일반 창 사이에 그 로마 시대의 못을 넣고 은제 철사로 감싸 금판을 씌운 뒤, '성창'이라 일컬었다.

즉 카롤루스 대제는 진품 창이 아닌 예수 십자가에 박혔던 '성정'을 소유했고, 그것을 일반 창에 덧대 창의 권능을 계승하려 했다는 것입니다.

                              기묘한 세계사의 미스터리

알브레히트 뒤러의 카롤루스 대제 초상화

이 가설이 사실이라면 호프부르크 왕가 박물관의 롱기누스 성창은 성스러운 부속품이 결합된 상징이었을 수 있으며, 유럽의 제왕들에게 '권능의 창'으로 기능했을 가능성을 설명할 수 있죠.

일본 가쿠엔사의 지역 신문에 충격적이고도 흥미로운 내용의 기사가 실린 적이 있는데요. 관련해 현재까지도 말이 많죠.

히틀러가 연합군에 항복하기 직전인 1945년 초, 독일의 U보트 한 척이 아르헨티나에서 400킬로미터 떨어진 남극의 한 협곡에 정박했다. 이 배에는 히틀러의 심복이었던 하인리히 힘러를 포함, 쉰여덟 명의 결사대가 타고 있었다. 이들은 히틀러가 끔찍이 아끼던 물건 하나를 비밀리에 남극의 얼음 동굴 속에 숨겼다고 한다. 실제로 1974년, '성창 기사단'이라는 비밀 집단이 '미션 앤타티카'라는 작전명으로 그 물건을 찾고자 남극으로 향했다. 히틀러 맹신자였던 하르트만 단장은 위치에 대한 확실한 정보가 있다 자신했고, 그들은 실제로 남극의 어느 동굴 속에서 강철로 된 문을 발견했다. 그 안에는 빨간 가죽 손잡이가 달린 청동색 창이 있었다고 하는데, 현재 그 창의 행방은 물론 그 창을 찾았다는 이들의 행방 또한 묘연한 상태다.

# 끝없는 미스터리, 진품 성창의 행방

호프부르크 왕가 박물관의 창 외에도 롱기누스 성창 후보는 여럿 존재하는데, 그 때문에 롱기누스 성창 자체의 진위 논란은 끊이지 않고 있습니다.

'바티칸의 성창'의 경우 로마 성 베드로 대성당 지하에 보관되어 있으며, 오스만 제국으로부터 선물 받은 것이라고 전해집니다. '에흐미아진의 성창'의 경우, 아르메니아의 종교 수도 바가르샤파트(Vagharshapat)에 보존되어 있죠. 한편 십자군 전쟁 중 은자 피에르가 발견했다는 기록 속 성창, 아서왕의 전설 속 어부왕의 성창 등이 전해지고 있습니다.

가톨릭 교회는 이 중 그 어떤 것도 진품이라 규정하지 않았죠. 그렇게 롱기누스 성창은 그 자체로 권력의 상징이자 소유자를 위대한 운명으로 이끈다는 미스터리한 힘을 가진 존재로 남아 있습니다.

혹자는 롱기누스의 창에 대해 이렇게 질문합니다. "신을 죽인 창, 전쟁을 이끈 창, 신의 권능에 눈먼 사람들을 유혹하는 창. 이렇듯 잔인한 역사를 가진 물건을 어찌 성물이라고 부를 수 있는가? 창을 소유했던 인물들 중 치유의 기적을 행한 인물은 대체 어디 있는가? 우리는 그것을 정녕 '성물'이라고 부를 수 있을까?"라고 말입니다.

# 바다를 가른 기적은 과학이었다

모세의 홍해 도하 미스터리

## 홍해를 가르는 수십조 리터의 비밀

구약성서 「출애굽기」에 기록된 '모세의 기적'은 인류 역사상 가장 드라마틱하고 신비로운 사건 중 하나입니다. 모세가 여호와의 권능으로 홍해 바닷물을 갈라 이스라엘 민족이 이집트 군대의 추격을 피해 마른 땅을 건널 수 있었다는 이 일화는 오랫동안 신앙의 영역에 머물러 있었죠.

하지만 이 기적을 실제 역사로 가정하고 과학적으로 계산해 보면, 그 불가능함에 압도됩니다. 평균 수심이 500미터에 달하는 홍해를 좌우로 나누려면, 족히 수십조 리터의 바닷물을 옮겨야 하기 때문인데요.

게다가 이스라엘 민족이 건너야 했던 홍해의 폭은 무려 15킬로미터에 달했습니다(누웨이바 해변 기준). 이 정도의 거리를, 높다란 물의 벽을 양쪽으로 세운 채 수백만 명의 민족이 다함께 건넌다는 것은 상식적으로 불가능한 계산이었습니다.

이 불가능한 계산 앞에서 고고학자들은 새로운 가능성을 모색하기 시작했습니다. 만약 성경 속 지명이 우리가 알고 있는 위치와 다르다면, 기적은 현실이 될 수 있을까요?

## 시내산과 아카바만의 기묘한 길

학자들은 「출애굽기」에 등장하는 시내산(Mount Sinai)의 위치가 기존에 로마 가톨릭이 임의로 지정했던 이집트 시나이반도 인근이 아닐 수 있다는 가설을 세웠습니다. 만약 시내산이 홍해 건너편에 있었다면, 모세의 기적이 발생했을 장소 역시 달라져야 하죠.

자료를 찾던 학자들은 시나이반도 건너편, 홍해를 마주 보는 사우디아라비아 내륙에서 기묘한 지명을 발견했습니다. 현지어로 '모세 골'이라는 뜻을 가진 와디무사, 현지어로 '모세 우물'이라는

출애굽기의 여정을 묘사한 1585년 지도

뜻을 가진 비르무사(Bir Mussa)라는 명칭의 지역을 찾아낸 것이죠.

이 명칭들이 성경 속 모세의 기적에서 유래했을 수 있다는 가설 아래, 학자들은 시내산이 사우디아라비아에 위치했을 가능성을 제기했습니다. 그리고 이 가설을 따라 시나이반도와 사우디아라비아 사이에 있는 홍해의 다른 길목, 아카바만에서 기적의 발생지로 추정되는 지형을 찾아냈죠. 그곳은 현지어로 '물을 가르는 곳'이라는 뜻을 가진 해안가 누웨이바(Nuweiba)였습니다.

누웨이바 앞바다는 주변에 비해 수심이 100미터 정도로 상대적



기묘한 세계사의 미스터리

으로 얕았고, 강한 동풍이 모래를 끊임없이 밀어내고 쌓이게 하여 해저 지형이 솟구쳐 올라온 듯 '바닷속 길' 같은 특이한 지형을 형성하고 있었으며, 주변 지형이 급경사의 절벽인 반면 누웨이바는 완만한 경사의 평지여서 100만 명이 넘는 대규모 인원의 피난길로 가장 적합했습니다.

## 람세스 시대의 전차 바퀴 파편

미국의 탐험가 론 와이어트는 이 가설을 입증해 보고자 연구팀을 꾸려 누웨이바 앞바다를 조사했습니다. 그는 바다를 건넌 지점으로 추정되는 양쪽에 페니키아 양식의 돌기둥을 발견했는데, 이동 경로를 표시해 놓은 듯했죠.

더욱 충격적인 증거는 해저에서 발견되었는데요. 잠수 조사 결과, '전차의 파편'으로 보이는 기이한 모양의 산호들이 발견되었습니다. 이 산호들은 인공적인 구조물 위에 오랜 시간에 걸쳐 형성된 것으로, 본래의 형태를 추적한 결과 높은 확률로 전차의 바퀴인 것으로 추정되었죠. 가장 결정적인 증거는 일부 바퀴에서 발견된 '8바퀴살'이었는데요. 8바퀴살 전차는 이집트의 람세스 2세 시대, 즉 모세 시대에만 주로 사용되었던 형태입니다.

여호와께서 이집트 병거의 바퀴를 벗겨 전진하기 어렵게 만드시고
바닷물이 본래의 상태로 다시 차오르니, 이집트 군대는 되돌아오는
물결에서 헤어나지 못하고 바다 한가운데에 빠져 버리고 말았다.

– 「출애굽기」 14장 25~27절

아카바만은 이집트와 지형적으로 멀리 떨어진 곳입니다. 이곳에서 람세스 시대의 전차 바퀴 파편이 발견된 다른 이유를 마땅히 찾을 수 없다는 사실은, 수천 년 전 모세를 쫓던 이집트 군대의 참혹한 흔적일 수 있다는 미스터리한 결론을 내리게 하죠.


## 홍해가 아닌 갈대 바다의 기적

누웨이바 가설에도 불구하고, 회의론자들은 정말 람세스 시대의 전차 바퀴인지 확인되지 않았고 유물 인양이 불가능하여 진위 확인이 어렵다는 점을 들어 억측이라고 주장했습니다. 진전 없이 시간만 흐르던 와중, 성경 고고학자 스티븐 모시어는 '모세의 기적' 역사 논점을 뒤흔드는 충격적인 가설을 새롭게 제시하는데요.

그는 애초에 성경의 번역이 잘못되었을 가능성을 지적했습니다. 본래 히브리어 성경에 적혀 있던 '얌 수프'라는 단어를 정확히

니콜라 푸생, 〈홍해를 건너다〉, 1633~1634

번역하면, 모세가 기적을 일으킨 바다는 'Red Sea(홍해)'가 아니라 'Reed Sea(갈대 바다)'가 되어야 한다는 것이죠. 성경 속 모든 가설과 역사가 단순한 단어 오번역에서 비롯된 해프닝일 수 있다는 놀라운 주장이었습니다.

내셔널지오그래픽 소속 탐험가 알버트 린은 이 '갈대 바다'를 추적하기 시작했고, 고대 이집트 카르나크 신전의 거대한 벽화에서 하나의 실마리를 찾았습니다. 이 벽화는 람세스 2세의 아버지인

세티 1세 시대의 정복 활동을 묘사하고 있었는데, 당시 이집트 근처 해안가의 모습이 그려져 있었죠.

벽화 속에는 거대한 강 혹은 수로처럼 보이는 지형 주변으로 숱하게 표현된 '갈대'가 있었습니다. 알버트 린은 모세 일행이 이 나일강의 거대한 지류를 '갈대에 둘러싸인 바다'라고 오해했을 수 있다는 새로운 가능성을 발견했고, 벽화 속 갈대 바다의 현재 위치를 추적했습니다.

조사 결과, 그곳은 나일강 삼각주 중심부에 위치한 커다란 호수 '만잘라호(Lake Manzala)'인 것으로 밝혀졌죠. 만잘라호는 매우 넓어 얼핏 바다로 보일 정도이며, 예로부터 사방이 갈대로 뒤덮어 있던 곳입니다.

## 신의 기적을 재현하다

만잘라호 가설을 뒷받침하는 결정적인 기록은 1882년 영국 육군 소장 브루스 툴록이 남긴 일기에서 발견되었죠.

부대원들과 만잘라호 인근에서 야영을 하고자 작업을 시작했다. 하지만 동쪽에서 매서운 광풍이 불기 시작해 우리는 금세 중단해야

  기묘한 세계사의 미스터리

했다. 다음 날 아침 호수로 다시 나가 보니, 만잘라호는 감쪽같이 사라지고 없었다. 거센 바람으로 얕았던 호수의 물이 수평선 저 너머까지 밀려간 것이다. 현지인들은 갯벌 위를 걸어 다녔고, 전날 호수 위를 떠다녔던 배는 진흙 속에 처박혀 있었다. 문득 이런 생각이 들었다. 내가 목격한 이 사건이 흔히 '모세의 기적'이라 일컬어지는 성경 속 사건과 매우 비슷하다는 것이다.

수천 년 전 뒤에는 추격해 오는 이집트 군대가 앞에는 바다와도 같은 거대한 호수가 가로막은 상황에서 갑자기 강풍이 불어 물이 사라지고 마른 땅이 드러났다면, 그것은 분명 '신의 기적'으로 보였을 것입니다. 대기과학자 칼 드루스 박사는 이것이 '윈드 셋 다운'이라는 자연 현상으로 충분히 가능하다고 주장했죠.

만잘라호는 연안 수심이 성인 남성의 허리 높이쯤 되는 매우 얕은 호수다. 시속 80킬로미터의 바람이 여섯 시간 이상 불면 호수의 물은 무려 10킬로미터 가까이 이동할 수 있다. 이는 전혀 비현실적인 이야기가 아니며, 바람이 그치면 물은 다시 밀려들어 원래의 모습을 되찾는다. 「출애굽기」 14장에 나오는 모세의 기적을 가장 잘 설명할 수 있는 과학적 방법이다.

## 최첨단 기술로 밝혀낸 결정적 위치

하지만 갈대 바다 가설에도 난관이 있었습니다. 성경 속 이스라엘 민족이 물을 건너기 전 잠시 머물렀다는 '믹돌(migdol)'이라는 장소가 만잘라호에서 50킬로미터나 떨어진 곳에 위치해 있었기 때문이죠. 피난 전 머무른 장소로는 너무 멀었습니다.

알버트 린은 최첨단 적외선 스펙트럼 기술을 사용해 나일강 삼각주 지류의 수천 년 전 변화를 역추적했습니다. 모세의 기적과 동시대인 람세스 2세 시대로 돌아가 보니, 나일강 삼각주의 호수와 해협들은 수 킬로미터씩 이동한 것이 밝혀졌죠.

그리고 놀랍게도, 람세스 2세 시대의 만잘라호 위치는 믹돌 바로 옆에 있었습니다. 이로써 모세와 이스라엘 민족이 건넜던 곳은 홍해도 누웨이바 근해의 깊은 바닷길도 아닌, '믹돌 옆에 위치했던 얕은 만잘라호'였을 가능성이 강력하게 제기되었습니다.

최첨단 과학 기술을 통해 드러난 모든 정황은 만잘라호 한 곳을 가리킵니다.


바다를 가른 것은 기적이 아니라 과학이었다.

– 대기과학자 칼 드루스 박사

모세의 기적은 초자연적인 신의 권능이 아니라, 기적처럼 맞아떨어진 극한의 자연 현상이었다는 충격적인 결론. 수천 년을 이어 온 이 기묘한 미스터리는 과학이라는 새로운 빛 아래에서 그 실체를 드러내고 있습니다.

# 성물 토리노 수의, 진실은 무엇인가

## 영원의 수수께끼

### 100년 만의 충격적인 재현

예수 그리스도의 시신을 감쌌다고 전해지는 세마포(수의)는 기독교 세계에서 가장 성스럽고 기묘한 유물입니다. 이탈리아의 토리노 대성당에 수 세기 동안 보관되어 온 가로 443센티미터, 세로 113센티미터의 낡은 리넨 천, '토리노 수의'가 그 주인공이죠.

요한과 베드로가 예수의 무덤에 이르니, 먼저 도착한 요한이 무덤에 세마포가 놓인 것을 보았으나... 베드로가 무덤 안으로 들어가니 그곳에 세마포가 있었고 머리를 쌌던 수건은 따로 개켜져 있더라.

-「요한복음」 20장 4~7절

수천 년의 시간을 넘어 전해진 이 성물의 미스터리는 평범한 이탈리아 사진작가에 의해 19세기 말에서 20세기 초에 걸쳐 세상을 뒤흔드는 거대한 논쟁으로 재탄생합니다.

1898년 5월, 이탈리아의 아마추어 사진가 세쿤도 피아는 교황청 주최의 전시회에서 이 수의를 접하는데요. 그는 이 오래된 천을 좀 더 자세히 기록하고자 촬영을 시도했고, 현상실에서 네거티브 필름을 확인하는 순간 충격에 휩싸입니다.

원래 수의에 희미하게 남아 있던 황갈색 얼룩은, 색상이 반전된 네거티브 필름 속에서 마치 살아 있는 듯한 선명하고 입체적인 남성의 얼굴 형상으로 떠올랐습니다.

눈을 감고 수염을 기른 이 형상은 성경에 묘사된 예수 그리스도의 모습과 너무나 흡사했죠. 네거티브 필름은 빛의 강도를 반전시키는 도구인데, 마치 이 수의 자체가 빛의 정보를 담은 네거티브 이미지처럼 작동했던 것입니다.

피아는 이 놀라운 발견을 교황청에 알렸으나, 당시 교황청은 이를 사진 조작이라 의심하며 구체적인 조사를 미뤘습니다. 이후 교황청이 이 수의를 외부로 반출하는 일은 오랫동안 없었죠.

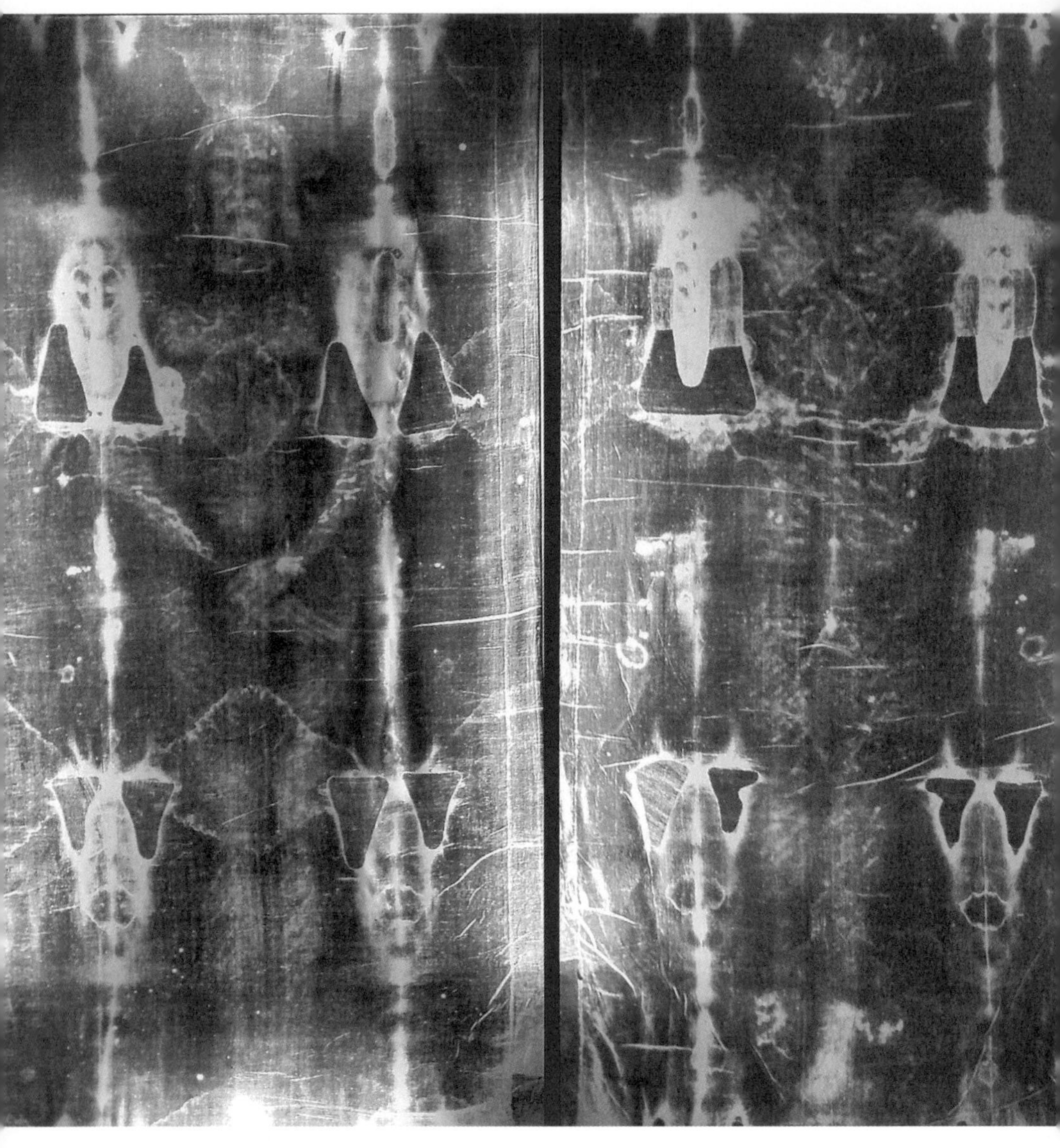

네거티브 형식으로 찍은
토리노 수의의 전체 모습

그러나 이 미스터리는 묻히지 않았고, 1931년 교황청의 허가 아래 또 다른 사진가 주세페 앙리가 수의를 재촬영합니다. 전 세계의 이목이 집중된 가운데, 앙리가 공개한 필름 속에서도 이전과 똑같은 남자의 얼굴 형상이 더욱 선명하게 떠올랐죠.

## 3차원 영상과 헤모글로빈의 흔적

앙리의 사진이 공개된 후, 토리노 수의는 단순한 종교 유물을 넘어 과학적 검증의 최전선에 놓입니다.

1970년 열역학자, 물리학자, 역사학자 등 각 분야의 전문가들로 구성된 대규모 연구팀 스터프(STURP, Shroud of Turin Research Project)가 결성되어 수의의 진실을 파헤치기 시작했습니다.

스터프팀은 현미경, 적외선 분광법, X선 방사선 촬영 등 당대 최첨단 기술을 동원해 수의에 나타난 형상과 핏자국처럼 보이는 얼룩을 조사했죠.

1981년, 이들이 발표한 최종 보고서는 놀라운 내용을 담고 있었습니다.

현재로서 이 수의는 조작된 것이 아니라고 말할 수 있습니다. 예술가가 임의로 그린 모작은 아닙니다. 혈흔처럼 보이는 이 얼룩에서도 혈액의 핵심 성분인 헤모글로빈이 발견되었으며, 혈청 알부민 반응 또한 양성으로 나왔습니다.

즉 수의에 묻은 얼룩은 진짜 사람의 피일 가능성이 높으며, 형상역시 중세 화가들이 사용하는 물감이나 염료로 그린 게 아니라는것이죠.

연구 결과는 놀라웠지만, 이것이 예수 그리스도의 수의인지는여전히 미스터리였습니다. 당시의 과학 기술로 밝힐 수 있는 데는한계가 많았습니다.

스터프 팀이 수의를 한창 조사 중이던 1977년 미국의 로스앨러모스 국립연구소는 화상 분석기를 이용해 수의의 필름을 연구했고, 수의에 새겨진 형상이 3차원적 특성을 가진 이미지임을 밝혀냈습니다. 단순히 붓으로 덧그려 천 위에 남아 있는 2차원적 형상이 아니라는 의미였죠. 연구에 참여했던 광학 기술자는 "당대 어떤 훌륭한 화가도 만들어 내기 어려운 입체적인 형상"이라고 단언했고요.

뒤이어 스터프 팀의 연구 결과까지 더해지며 전 세계는 토리노의 수의를 두고 열띤 논쟁을 벌이게 됩니다.

  기묘한 세계사의 미스터리

# 미스터리에 찍힌 위작 낙인

과학계가 수의의 진위 여부를 두고 열띤 논쟁을 벌이던 1988년, 토리노 수의는 '위작'이라는 충격적인 낙인을 받습니다.

교황청은 수의의 진위 논란을 종식하고자 영국의 옥스퍼드대학교, 스위스 연방 공과대학교, 미국 애리조나대학교 등 세계적인 권위를 가진 세 기관에 수의 조각을 보내 탄소 연대 측정 실험을 의뢰했는데요. 이 실험은 유기물의 생성 연대를 측정하는 가장 정확한 과학적 방법 중 하나였죠.

결과는 전 세계를 경악하게 만들었습니다. 세 기관의 공동 연구팀은 천의 제작 연대가 예수의 활동 시기(서기 20~30년)와 1천 년 이상 차이 나는 13세기에서 14세기 사이로 측정되었다고 것이었습니다.

이 조사 결과와 함께 교황청의 벨레스트레노 추기경이 "토리노 수의가 예루살렘 대부터 이어져 온 성유물이라는 것은 거짓입니다, 그것은 중세 유럽에서 제작된 위작 혹은 모작입니다"라는 내용으로 발표했죠.

이 충격적인 결과는 수의의 진실을 거짓으로 굳히는 쐐기가 되었고, 토리노 수의 진위 여부 논쟁은 해프닝으로 일단락되는 듯했습니다.

# 꽃가루와 화재의 미스터리

✦

토리노 수의가 진짜라고 주장하는 옹호론자들은 탄소 연대 측정 실험에 치명적인 오류가 있었다며 강력하게 반발했습니다.

첫 번째, 1532년 수의를 보관하던 샹베리 예배당에 화재가 발생했을 때 소실된 부분을 중세 천 조각으로 덧대 기웠다는 기록을 제시했습니다. 1988년 실험 당시 바로 이 보수된 부분을 시료로 사용했기 때문에 연대가 왜곡되었다는 것이었죠.

두 번째, 1973년 스위스의 막스 프라이 박사는 수의에 남아 있는 다양한 종류의 꽃가루를 채취해 검사했는데요. 이 중 마흔다섯 종이 예루살렘 근처에서만 자생하는 것으로 밝혀졌죠.

옹호론자들은 이 수의가 중세 유럽의 위작이라면 어떻게 사해 근처의 꽃가루가 발견될 수 있냐며 반박했습니다. 반대론자들은 이 꽃가루가 직물 자체의 생산 연대가 아닌, 직물이 예루살렘 지역을 거쳤다는 것만 증명할 뿐이라고 주장했고요.

이뿐만 아니라 수의의 직조 방식이 중세에는 드물었던 헤링본(Herringbone) 방식이라는 점이나, 성경의 기록과 기묘하게 불일치하는 점 역시 미스터리를 증폭시킵니다.

「요한복음」 20장 7절은 머리를 쌌던 수건이 따로 개켜 있었다고 묘사하지만, 토리노 수의는 머리부터 발끝까지 하나의 천에 싸여 있으며 유대인들의 장례 관습상 시신을 씻고 향료를 발랐어야 함에도 수의에는 씻기지 않은 시신의 핏자국이 그대로 남아 있죠.

## 최첨단 과학의 재조명

✦

'가짜'라는 낙인에도 불구하고 토리노 수의에 대한 연구는 꾸준히 이어졌고, 2022년 이탈리아의 과학자 리베라토 데 카로는 1988년 탄소 연대 측정 실험에 대한 충격적인 오류를 지적했습니다.

그는 광각 X선 검사로 당시 사용된 직물을 재검사하며, 시료 세척 과정의 문제로 직물 사이의 이물질이 제거되지 않아 연대가 왜곡되었다고 주장했는데요.

그는 이를 보정해 수의의 연대를 '서기 55년에서 74년 사이'로 새롭게 추정했습니다. 예수의 사망 시기와 불과 수십 년밖에 차이 나지 않는 연대죠.

법의학적 얼굴 복원 전문가 시세로 모라에스와 같은 학자들은 수의의 이미지 형성 원리에 대한 새로운 미스터리를 제기했습니다. 3D 소프트웨어를 이용한 시뮬레이션 결과, 실제 인간의 시신을 천으로 감쌌다면 수의에 남은 이미지는 늘어나고 왜곡되어야 하지만 토리노 수의의 이미지는 날씬하고 정상적인 비율을 보여 준다는 것이었죠.

그는 수의의 이미지가 얕게 새긴 부조(Relief) 위에 천을 덮어 찍어 낸 경우에만 나타날 수 있다고 주장하며, 이 기이한 이미지가 '신의 부활 순간 발산된 에너지'의 흔적인지 아니면 '중세의 천재 예술가가 남긴 미스터리한 예술 작품'인지에 대한 논쟁을 다시 원점으로 돌려놓았습니다.

토리노 수의는 여전히 과학으로는 그 기원을 완벽히 증명할 수 없고, 종교적 믿음만으로는 그 실체를 규정할 수 없는 영원의 수수께끼로 남아 있습니다.

수천 년의 시간을 넘어 우리에게 던져진 이 기묘한 성물은, 과학과 믿음의 경계에서 끊임없이 진실을 요구하고 있습니다.

5장

신화가 된
역사 속 미스터리

# 피라미드를 넘어선 라르스 포르세나 무덤

## 전설이 되어 버린 왕의 묘지

## 영원을 향한 거대한 설계

✦

지금으로부터 약 2,500년 전인 기원전 500년경, 이탈리아반도 북부에 존재했던 고대 문명 에트루리아(Etruria)는 로마 제국마저 경외할 정도의 강력한 군사력과 예술적 역량을 자랑했습니다. 그 중심에 있던 도시 클루시움(Clusium)을 다스리던 위대한 왕이 바로라르스 포르세나였죠.

포르세나 왕의 생애 마지막 소망은 자신의 명성과 도시의 아름다움에 걸맞은, 그리고 무엇보다도 '거대한' 영원의 안식처, 즉 무

　　　　　　　　　기묘한 세계사의 미스터리

덤을 건립하는 것이었습니다.

그의 이 원대한 꿈의 결실은 후대 로마의 가장 위대한 학자 중 한 명인 마르쿠스 바로의 기록을 통해 전해지며, 세계사에서 가장 기묘하고 미스터리한 건축물 이야기로 남아 있습니다.

바로의 기록은 포르세나의 무덤이 가진 충격적인 규모와 구조를 상세히 묘사하고 있습니다.

라르스 포르세나

포르세나는 클루시움 아래에 묻혔는데, 그 위에는 조각된 정사각형의 돌 비석이 세워졌다. 돌의 각 면 길이는 90미터였고 높이는 15미터였다. 지하에는 정교한 미궁(미로)이 있어서 실을 지참하지 않고는 누구도 그곳에서 빠져나갈 수 없었다.

이 기록에 따르면, 무덤은 단순한 지상의 건축물이 아니었습니다. 지하에는 탈출 불가능한 정교한 미로가 있었고, 지상에는 길이 90미터, 높이 15미터에 달하는 거대한 정사각형 기단(基壇)이 세워져 있었죠.

여기서 더욱 놀라운 것은, 이것이 무덤의 고작 1층에 불과했다는 점입니다.


## 피라미드 위의 피라미드

포르세나 무덤의 진정한 경이로움은 그 위에 솟아오른 기하학적 구조물에 있었는데요. 바로의 기록은 이 무덤이 고대 건축의 상식을 벗어나는 복잡한 형태였음을 증언하고 있죠.

　　　　　　　　　　　　　　　기묘한 세계사의 미스터리

단 위에는 각 모서리에 하나씩, 그리고 중앙에 하나, 높이가 25미터
인 피라미드 다섯 개가 서 있었다.

피라미드들의 꼭대기에는 거대한 청동 구체가 놓였으며, 구체에 사
슬로 연결된 종은 바람이 불 때마다 청명한 소리를 울렸다.

라르스 포르세나의
무덤을 언급한
마르쿠스 바로의 상상화

구체에는 사슬에 묶여 흔들거리는 페타소스(에트루리아 모자)도 있었는데, 구체 위로는 플랫폼이 하나 더 올라갔고 높이가 30미터에 달하는 피라미드 다섯 개가 또 놓였다.

바로가 언급한 수치(15미터+25미터+30미터)만 합쳐도 이미 70미터에 달합니다. 하지만 여기에는 청동 구체의 높이와 그 외 부수적인 플랫폼의 높이가 모두 빠져 있었죠. 현대의 학자들이 이 난해한 기록을 바탕으로 건축물을 모델링하고 최적의 크기를 대입해 재구성한 결과는 충격적이었습니다.

청동 구체까지 포함한 '라르스 포르세나 무덤'의 총 높이는 무려 200미터에 근접하는 것으로 추정되었는데요, 실로 엄청난 규모입니다. 인류가 건축한 가장 웅대한 무덤으로 불리는 이집트 '쿠푸왕의 피라미드'의 높이가 146미터라는 점을 감안하면, 포르세나의 무덤은 그것을 훨씬 뛰어넘는 규모였으니까요.

약 2,500년 전에 피라미드 위에 거대한 청동 구체를 얹고 그 위에 또다시 피라미드를 쌓아 올리는 200미터 높이의 기하학적 거탑이 존재했다는 것은, 고대 건축 기술의 한계를 시험하는 듯한 미스터리로 남아 있습니다.

     기묘한 세계사의 미스터리

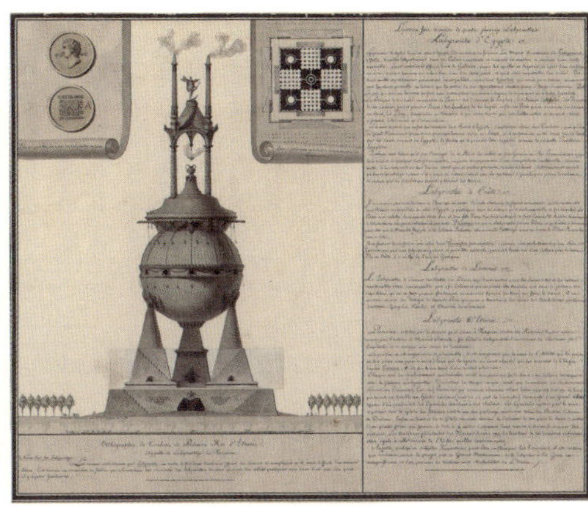

라르스 포르세나의
무덤 상상도 모음

# 사라진 무덤을 재현하다

✦

안타깝게도 라르스 포르세나의 무덤은 현재 남아 있지 않습니다. 기원전 89년 로마 장군 코르넬리우스 술라에 의해 클루시움(Clusium)과 함께 파괴된 것으로 추정되며, 현재는 바로의 기록과 로마의 박물학자 대 플리니우스의 인용을 통해서만 그 전설이 전해져 내려올 뿐이죠.

실물이 사라진 이후, 이 난해하고 웅장한 기록은 중세 이후 유럽의 학자와 건축가들에게 상상력을 자극하는 거대한 미스터리였습니다. 무덤의 예측도는 기록의 난해함만큼이나 다양하고 개성 있는 모습으로 구상되었죠.

1646년 영국의 수학자 존 그리브스는 『피라미드 그래프(Pyramidographia)』라는 책을 출간합니다. 그는 라르스 포르세나의 무덤이 기록만큼 웅장하진 않았을 거라 추정했는데요. 정사각형 단 위에 얄쌍한 피라미드들이 올라가고 그 위에 두 개의 플랫폼이 배치되는 형태였을 거라 상상했습니다.

18세기의 프랑스 건축가 장 자크 르큐의 경우, 지하가 아닌 정사각형 단 안에 미로가 있었을 거라 추정했고 그 위에 거대한 세 개의 피라미드를 세운 뒤 거대한 청동 구체를 배치하고 최상부에 바람에 흔들리는 향로를 추가했죠. 현재 가장 널리 알려진 상상도입니다.

19세기 영국 건축 역사가 제임스 퍼거슨은 당시 기술력의 한계를 이유로 들어 '청동 구체'가 과장되었다고 판단했는데요. 대신 좀 더 현실적으로 상상했고, 안정적인 형태의 삼각 구조물을 중간에 배치했죠. 높이는 180미터로 추정했고요. 또한 라르스 포르세나의 무덤이 분명 복잡한 구조를 띠고 있지만 불가능한 건축물은 아니라며 실존 가능성을 옹호하기도 했습니다.

19세기 프랑스 고고학자이자 건축이론가 콰트리메르 드 퀸시는 아예 다른 방향으로 해석했는데요. 지하 미로에 주목해, 지하로 통하는 입구를 전면부에 배치한 것이죠. 또한 직각 구조가 비실용적이라 여겨 각각의 플랫폼을 따로 배치해 본래의 수직 형태가 아닌 입체적인 모습으로 해석했습니다.

이외에도 라르스 포르세나의 무덤 예측도는 참으로 다양한데요. 그중에서도 18세기 이탈리아 건축가 발다사레 오르시니의 설계는 충격을 던지죠. 피라미드 위를 잘라낸 반구형의 청동 구체가 넓은 원반형 플랫폼 위에 놓인 그의 상상도는 마치 고대 외계 문명의 비행 접시를 숭배하는 제단처럼 보이기도 합니다.

후대의 연구에선 오르시니의 설계가 높은 미적 감각과 안정성까지 갖춘 형태라고 평가되면서, 이 고대 왕의 무덤이 단순한 묘를 넘어선 뭔가였을 수 있다는 의문을 남겼습니다.

이탈리아 키우시 지역에 남아 있는 로마 시대의 저수지,
라르스 포르세나의 무덤으로 유력하다

## 무덤인가, 기후 시설인가?

일부 학자들은 포르세나의 무덤이 단순히 왕의 무덤이 아닌, 특수 용도로도 활용되었을 거라는 흥미로운 가설을 제시합니다.

이탈리아의 고고학자 안젤로 코르테노비스는 무덤이 번개를 유도하는 장치로 쓰였을 수도 있다고 주장했는데요. 건축물이 가진 기하학적 특성과 높게 솟은 첨탑 형태가 고대 에트루리아인의 지

　　　　　기묘한 세계사의 미스터리

혜가 응집된 기후 시설이나 피뢰침의 역할을 했을 수 있다는 것이죠. 고대 문명의 불가사의한 기술력에 대한 궁금증을 자아내게 합니다.

현재 이탈리아 키우시(Chiusi) 지역에 남아 있는 로마 시대의 저수지가 포르세나 무덤의 지하 미궁일 가능성이 있는 가장 유력한 후보지로 꼽히고 있습니다.

이탈리아 정부와 고고학계는 포르세나 무덤의 지하 미궁이 파괴되지 않고 남아 있을 수 있다는 가능성 때문에 유적 추적을 멈추지 않고 있죠.

최대 높이가 200미터에 달했다는 이 전설적인 에트루리아 왕의 무덤은 그 거대한 규모, 기묘한 구조, 그리고 파격적인 상상도로 인해 '과연 실존했을까?'라는 질문과 함께 역사의 뒤편으로 사라진 고대 미스터리로 남아 있습니다.

지하의 미궁, 솟아오른 피라미드, 그리고 웅장한 청동 구체까지, 라르스 포르세나 왕의 영원을 향한 꿈은 여전히 인류의 상상력을 자극하고 있습니다.

# 아서왕 전설 속 왕국의 충격적 실체

## 수중의 낙원, 리오네스

### 바다에 가라앉은 아틀란티스

아서왕 전설을 대표하는 비극적인 사랑 이야기 '트리스탄과 이졸데'의 주인공, 기사 트리스탄은 '리오네스의 트리스탄(Sir Tristram De Lyonesse)'이라는 별칭을 갖고 있습니다. 여기서 '리오네스'는 영국 서부의 콘월과 영국 해협의 실리 제도를 연결했다고 전해지는 전설 속 왕국의 이름이죠.

또한 리오네스는 켈트족의 구전 신화를 집대성한 토마스 말로리 경의 책 『아서왕의 죽음(Le Morte d'Arthur)』에서 처음으로 기록

된 지명이기도 합니다. 이 책에서 리오네스는 용감한 기사들과 아
름다운 처녀들이 조화롭게 살아가는 기사의 낙원으로 묘사되죠.

하지만 현재 영국 지도 어디에서도 '리오네스'라는 지명은 찾을
수 없습니다. 리오네스는 신의 벌을 받아 바닷속으로 침몰한 '영국
의 아틀란티스'이기 때문인데요. 지금도 콘월 지방에는 운명의 날,

토마스 말로리의
『아서왕의 죽음』 첫 페이지

리오네스 왕국이 솟구쳐 오르는 파도에 삼켜져 바다 깊은 곳으로 가라앉았다는 비극적 전설이 전해져 내려옵니다.

## 캄란 전투와 신의 심판

켈트족 신화에 따르면, 리오네스 왕국은 140개가 넘는 교회가 있던 신실하고 아름다운 나라였습니다. 멜리오다스 왕이 아서왕의 이복동생인 모르가우스 왕비와 함께 왕국을 현명하게 다스렸죠. 후계자가 없는 아서왕이 첫째 조카 가웨인에게 왕위를 물려주기로 하자, 불만을 품은 둘째 조카 모드레드가 반역을 일으키면서 왕국은 비극의 서막을 맞이합니다.

가장 충직한 기사였으나 아내 기네비어 여왕과 밀회를 즐긴 랜슬롯을 쫓아 아서왕이 원정을 떠난 사이, 모드레드가 성을 점령하고 스스로 왕위에 오르려 했습니다. 모드레드의 반역 소식을 들은 아서왕은 급히 귀환해 군대를 이끌고 모드레드의 반란군을 리오네스의 국경선까지 몰아넣었죠.

아일랜드의 시인 알프레드 테니슨이 「왕의 목가(Idylls of the King)」라는 설화시에서 그때 벌어진 일을 묘사했지요.

왕이 일어나 밤에 그의 군대를 옮겼고

모드레드 경의 연합을 밀어내

리오네스의 해가 뜨는 경계까지 돌려보냈다

심연에서 솟아오른 옛 땅은

불에 의해 다시 심연으로 가라 앉았다

잊혀진 민족의 파편들이 살았던 곳

신음하는 바다와 환영에 둘러싸인 곳

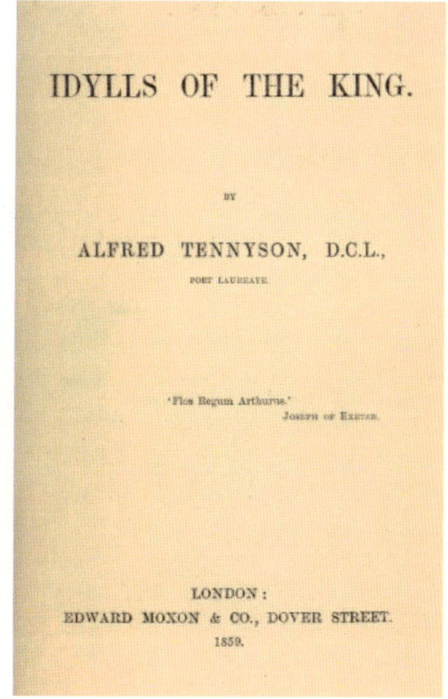

알프레드 테니슨의
「왕의 목가」 초판본 표지

아서왕 전설의 대미를 장식하는 캄란 전투입니다. 이 전투에서 모드레드는 형 가웨인을 죽이고, 아버지 아서왕과 피할 수 없는 최후의 결전을 치릅니다. 아서왕은 성창 롱고미니아드로 모드레드를 꿰뚫었으나, 치명상을 입은 모드레드 역시 보검 클라렌트를 들어 아서왕에게 치명타를 입힙니다.

10세기경에 기록된 웨일스 역사서 『캄브리아 편년사(Annales Cambriae)』에 서기 537년에 일어난 것으로 추정되는 캄란 전투에 관한 기록이 남아 있죠.

아서왕과 모드레드의 캄란 전투

캄란 전투에서 아서와 메드로(모드레드)가 전사했다.

Gueith camlann in qua Arthur et Medraut corruerunt.

모드레드의 죽음과 함께, 갑작스레 하늘에서 수많은 불덩이가 떨어져 리오네스를 강타했고 파도는 높게 솟아올라 해일이 되었습니다. 그렇게 기사의 낙원이었던 리오네스 왕국은 순식간에 바닷속으로 가라앉아 자취를 감추고 말았는데요. 이후 아서왕은 위대한 삶을 마감했고 원탁의 기사들 이야기는 마무리되었죠.

## 마지막 생존자의 흔적

✦

이 비극은 모드레드가 아서왕의 친아들이자 근친상간으로 태어난 죄악의 상징이었기 때문이라는 숨겨진 이야기와 연결됩니다. 기네비어로 변장한 모르가우스와 다름 아닌 아서왕의 사이에서 태어난 자식이었던 거죠.

하여 모드레드가 형을 살해하고 아버지에게 반기를 드는 패륜적인 행위를 저지르자, 그의 모국이었던 리오네스 왕국 역시 '신의 벌'을 받아 침몰했다는 것입니다.

이 비극적인 운명의 날, 리오네스 왕국에서 단 한 사람의 생존자가 있었다고 전해집니다. 백마를 타고 리오네스를 벗어난 사냥꾼 트레벨리안인데요. 운명의 날, 집에서 멀리 떨어진 숲에서 잠들었던 그는 천지를 울리는 굉음에 깨어났고 하늘에서 빗발치는 불덩이를 피해 필사적으로 말을 몰아 리오네스 국경을 벗어났죠. 이 과정에서 백마의 한쪽 발굽이 떨어져 나갔고, 그는 한 발을 절뚝이며 달렸다고 합니다.

흥미로운 것은, 트레벨리안의 혈통이 지금까지 이어져 오고 있다는 전설입니다. 세 개의 발굽과 백마를 상징으로 삼고 있는 비비앙(Vyvyan) 가문은 콘월에서도 가장 오래된 명가 중 하나로, 자신들이 리오네스의 마지막 혈통인 트레벨리안의 자손들이라고 주장하고 있죠.

## 실리 제도의 수수께끼

리오네스의 흔적은 영국 해협의 실리 제도 곳곳에 남아 있습니다. 리오네스 왕성이 세워졌던 자리라고 전해지는 세븐 스톤(Seven Stones) 암초 지대는 랜즈 엔드(Land's End)와 실리 제도 사이에 위치합니다.

특히 실리 제도 근처의 세인트 마이클 만은 고대 콘월어로 '숲속의 회색 바위(Karrek Loos y'n Koos)'라고 불리는데, 한때 이 지역이 울창한 숲이었음을 암시하죠. 또한 실리 제도를 이루는 섬들에는 고대의 무덤, 성벽, 오두막의 흔적들이 발견되기도 합니다.

고대 로마 시대 기록은 이 미스터리를 더욱 증폭시킵니다. 로마 인들은 실리 제도를 하나의 섬을 뜻하는 '실로니아 인술라(Scillonia insula)'라고 불렀습니다.

서기 3세기 라틴어 학자 가이우스 율리우스 솔리누스 역시 실리 제도를 단수형인 '실루람 인술람(Siluram insulam)'이라고 표현하며, 당시 이 지역이 지금과 같은 여러 개의 섬이 아닌 하나의 거대한 섬이었다는 이론을 뒷받침해 주고 있죠. 동 시기의 작가 술피키우스 세베루스 또한 똑같이 언급한 바 있고요.

## 수중의 대륙을 밝혀내다

이 해안선과 곶들은 지금까지 꾸준하게 바다로 가라앉아 왔고, 선원들이 그곳에서 끌어낸 유물들로 사실을 확인할 수 있습니다.

－『브리타니아(Britannia)』, 1586년

범람하는 바다가 리오네스 왕국과 여러 작은 제도의 다른 지역을
황폐화시켰습니다.

— 「콘월 조사(Survey of Cornwall)」, 1602년

16세기경의 자료를 보면 바닷속으로 가라앉은 고대 도시의 존재, 리오네스 왕국의 존재에 대한 믿음이 강했다는 걸 알 수 있습니다. 하지만 과학적인 지질학 조사는 오랫동안 이뤄지지 않았죠.

그러던 중 2009년, 콘월 지방 의회는 '리오네스 프로젝트'라는 이름으로 실리 제도의 환경 변화와 해양 침수 반응을 조사하는 탐사팀을 꾸립니다.

5년이 넘는 신중한 조사 끝에, 2015년 프로젝트의 탐사 결과가 발표되며 전설의 실체에 대한 충격적인 증거가 제시되었죠.

기원전 2500년에서 기원전 2000년 사이에 실리 제도의 모든 역사를 통틀어 가장 심각한 수준의 토지 손실이 일어났다는 흔적을 발견했습니다. 섬 전체 면적의 3분의 2를 잃은 것과 같습니다. (...) 저희는 2009년과 2010년, 두 차례에 걸쳐 일곱 군데의 조간대(만조와 간조에 의해 물이 잠기고 다시 드러나길 반복하는 지대)에서 채취한 샘플을 분석했습니다. 그 과정에서 수많은 돌담과 건축지 유적을 발견하기도 했죠. (...) 실리 제도는 기원전 7000년에서 기원전

 기묘한 세계사의 미스터리

4000년경까지 아그네스, 아네트, 웨스턴 록스 섬을 포함한 하나의 큰 섬이었던 것으로 드러났습니다. 리오네스라고 이름 붙인 이 가상의 섬은 기원전 4000년경, 갑작스러운 해수면 상승으로 반으로 나뉘어 가라앉았습니다. 기원전 2000년 초반에 다시금 큰 지각 변동이 일어났고, 기원전 1500년경에 지금의 실리 제도의 모습으로 정착된 것으로 보입니다.

지질 분석 결과는 아서왕 전설에 등장하는 '리오네스'라는 거대한 섬이 기원전에 실제로 존재했으며, 급격한 지각 변동으로 바닷속으로 가라앉았다는 사실을 밝혀냈습니다. 물론 섬의 침몰 시기(기원전 4000년경)와 아서왕 전설의 시대적 배경(5~6세기) 사이에는 수천 년의 차이가 있지만요.

하지만 켈트족의 신화는 그 기원을 헤아릴 수 없을 정도로 까마득한 옛날부터 구전되어 왔죠. 수천 년 전 벌어진 지질학적 대변동이 '신의 벌을 받은 왕국의 침몰'이라는 비극적 전설로 각색되어 후대에 전해졌을 가능성이 농후합니다.

광활한 켈트해의 밑바닥 어딘가에는 여전히 마법이 가득했던 전설 속 기사들의 도시가 잠들어 있을지도 모릅니다. '영국의 아틀란티스' 리오네스 왕국은 과학적 증거와 신화적 전설이 기묘하게 교차하는 세계사의 미스터리로 남아 있습니다.

# 아즈텍 제국의 잃어버린 보물 미스터리

## 피로 물든, 몬테수마 2세의 황금

### 깃털 달린 뱀의 신과 스페인 군대

16세기, 멕시코 고원에 번성했던 아즈텍 제국에는 오래된 전설이 전해 내려왔습니다. 하늘에서 혜성이 떨어지고 대지가 흔들릴 때, 깃털 달린 뱀의 신 케찰코아틀이 강림해 제국을 심판할 거라는 예언이었죠.

아즈텍의 제9대 황제 몬테수마 2세가 통치하던 시기, 공교롭게도 이 전설의 징후가 나타나던 때 남미 해안에 에르난 코르테스가 이끄는 스페인 군대가 나타납니다. 아즈텍인들이 난생처음 보는 거대한 배, 낯선 말을 탄 이방인들의 생경한 모습은 몬테수마 2세의 마음에 혼란을 가져왔죠.

몬테수마 2세는 코르테스의 흰 피부와 긴 수염을 보고 그가 전설 속 케찰코아틀신의 강림일지도 모른다고 생각합니다. 스페인 군대를 극진히 환대하며 제국의 수도 테노치티틀란으로 초대했고, 코르테스에게 방 하나를 가득 채우고도 남을 만큼 엄청난 양의 황금과 보석, 공예품을 선물하죠. 바로 '몬테수마의 황금'입니다.

깃털 달린 뱀의 신, 케찰코아틀

톡스카틀 학살

# 황금에 눈먼 정복자와 아즈텍의 분노

몬테수마 2세의 환대는 오래가지 못했습니다. 아즈텍 제국은 인
신 공양 풍습이 만연했던 국가였는데, 스페인군이 수도에 머물던
시기가 다름 아닌 포로들의 심장을 꺼내는 끔찍한 '톡스카틀 축제
(Toxcatl festival)' 기간이었던 것이죠.

그런데 때마침 코르테스는 본국에서 자신을 토벌하러 온 디에

　　　　　　　　　　　기묘한 세계사의 미스터리

고 벨라스케스 총독의 군대를 막기 위해 자리를 비워야 했습니다. 그는 독단으로 탈영병들을 데리고 아즈텍 제국에 발을 들여놓았던 것이죠.

문제는 코르테스가 남겨 놓은 부관 페드로 알바라도와 100명의 군인이었습니다. 그들은 축제에 모인 아즈텍 귀족 600여 명을 학살하는 만행을 저지릅니다. 톡스카틀 축제에서 제물이 된 포로 중에는 코르테스군과 동맹 관계였던 이웃 나라 틀락스칼텍인 (Tlaxcaltec)들도 있었고, 그 모습에 분노한 틀락스칼텍 출신 전사들이 알바라도에게 달려가 이간질을 한 것이었죠.

이 잔인한 학살은 아즈텍인들의 분노에 불을 붙였습니다. 1520년 6월, 코르테스가 벨라스케스의 토벌군에게 대승리를 거두며 휘하에 둔 1,200명과 틀락스칼텍 동맹군 8천 명을 이끌고 돌아왔을 때 상황은 이상하게 흘러가고 있었습니다. 악사야카틀 궁전(Palace of Axayacatl)에서 알바라도, 몬테수마 2세와 조우하지만 분노에 찬 아즈텍 전사들에게 포위된 상태에서 일방적인 공격을 받고 있었던 거죠. 코르테스는 난국을 타개하고자 몬테수마 2세를 내세워 보지만, 아즈텍인들은 '신의 대리인'이며 절대적 존재인 황제마저 돌팔매질로 처단해 버립니다.

패배를 직감한 코르테스는 테노치티틀란에서 탈출을 결심하는데요. 그는 국왕 카를로스 1세에게 바칠 몫의 황금만 수레에 싣고,

나머지는 병사들에게 나눠 줍니다. 원정 초창기부터 함께했던 고참 병사들은 황금이 오히려 족쇄가 될 것을 알고 거절했지만, 최근에 합류한 토벌군 병사들은 갑옷 속에 황금을 채워 넣었죠.

1520년 6월 30일 새벽, 코르테스군은 폭풍우를 틈타 탈출을 감행합니다. 하지만 곧 발각되고 말죠. 호수 한가운데 세워진 수상 도시에서 유일한 탈출로였던 다리는 순식간에 아즈텍 전사들에게 포위당했습니다. 온몸을 황금으로 채운 스페인 병사들은 느린 속도와 엄청난 무게 때문에 퇴각에 실패하고 말았는데요.

적들을 피해 호수로 뛰어든 그들은 황금의 무게 때문에 호수 아래로 가라앉아 버렸고, 황금이 가득 실린 수레 역시 진흙 속에 처박힌 채 버려졌습니다. 아메리카 정복 역사상 유럽인이 가장 많이 살해당한 패전으로 기록되었죠.

당시 간신히 살아남은 코르테스가 올린 보고에 따르면, 2만여 명의 달하는 병력 중 생존자는 채 200명이 되지 않았다고 합니다.


## 450년 후의 기묘한 단서들

✦

1년 뒤, 코르테스는 새롭게 군대를 정비해 아즈텍 제국을 멸망시키는 데 성공합니다. 공교롭게도 스페인군이 남긴 천연두가 아즈

　기묘한 세계사의 미스터리

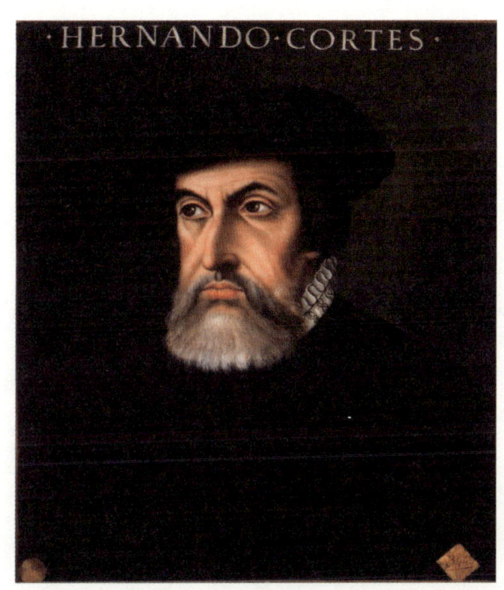



에르난 코르테스

텍인들에게 치명적인 전염병이 되어 제국을 붕괴시키는 데 결정적인 역할을 했죠.

그러나 승리한 스페인 군인들을 기다리고 있던 것은 사라진 황금이었습니다. 호수에 가라앉았을 거라 여겼던 몬테수마의 황금은 흔적도 없이 사라져 버렸죠. 스페인군은 아즈텍 제국의 마지막 황제 콰우테목의 발바닥을 불로 지지는 끔찍한 고문을 가했지만, 황금의 행방을 알아낼 수는 없었습니다. 이후 유럽 식민 지배국 사이에 소문이 퍼지길, 스페인군이 물러난 사이 아즈텍인들이 호수에서 황금을 건져 올려 비밀 장소로 운반했다고 하죠.

스페인군에게 체포되는 콰우테목 황제

450여 년이 지난 후, 황금의 행방을 쫓는 기묘한 단서들이 발견되기 시작했습니다. 1975년, 멕시코의 어부 라울 에우르타도는 바닷속에서 아즈텍 제국 시대의 것으로 추정되는 봉 형태의 금괴를 발견했습니다. 이후 대대적인 발굴로 마흔두 점의 유물과 15파운드의 금이 추가로 발견되었는데, 유물에는 왕실의 인장인 알파벳 'C'가 선명하게 찍혀 있었죠.

'C'는 신세계 개척 시기 스페인 국왕 카를로스 1세를 상징하는 인장으로, 이 유물들이 바로 코르테스가 왕에게 바치려 했던 세금



기묘한 세계사의 미스터리

(신대륙 탐험 소득의 20퍼센트)이었음을 의미했습니다. 이 발견으로 몬테수마 2세의 황금이 스페인으로 옮겨지던 도중 폭풍을 만나 바닷속 어딘가에 침몰했을 거라는 가설이 힘을 얻었죠.

한편, 19세기 후반 미국에선 애리조나주의 슈퍼스티션 산맥에 숨겨진 엄청난 양의 황금 전설이 퍼졌습니다. 독일계 이민자 제이콥 볼츠가 이곳에서 막대한 금을 갖고 돌아오면서 '로스트 더치맨스 골드(The lost dutchman's gold)'라고 불렸는데요. 당시 미국에선 독일인을 두고 네덜란드인을 뜻하는 '더치맨(dutchman)'이라고 불렸기 때문이죠. 바로 그 황금이 몬테수마 2세의 황금이라는 추측이 유력했지만, 현대에 와서 슈퍼스티션 산맥은 금이 숨겨진 장소가 아니라 진짜 금광이었다는 게 밝혀졌습니다. 볼츠가 가져온 금은 그가 직접 채굴한 것이었으며, 몬테수마 2세의 황금과는 관계가 없다는 사실이 드러났죠.

현재 가장 많은 이의 지지를 받는 가설은 '몬테수마 2세의 황금이 미국 북부로 옮겨졌다'라는 이야기입니다. 미국 유타주의 유토 인디언 부족은 아즈텍의 언어인 나와틀어(Nahuatl)와 그들 고유의 인디언 언어가 합쳐진 '유토-아즈테칸어'를 사용합니다. 그들의 조상이 남미에서 이주했을 가능성을 시사하죠. 심지어 유토 인디언의 조상이 흰 새가 가득한 호수 한가운데의 섬에서 이주해 왔다는 전설은 아즈텍 수도 테노치티틀란을 연상케 합니다.

　1941년, 광산업자 프레디 크리스탈은 유토 인디언 부족의 영역인 캐나브 협곡에 몬테수마의 황금이 숨겨져 있다고 주장했습니다. 그는 발굴된 암각화와 아즈텍 지도를 근거로 황금이 캐나브 협곡의 수중 동굴 속에 있을 거라고 믿었죠.

　크리스탈의 유지를 이어 보물 찾기를 계속하고 있는 딜먼 가문은 최근, 캐나브 협곡의 지하 동굴에 무독성 염료를 투입하는 실험을 진행했는데요. 그 결과, 동굴과 연결된 지하샘들의 물이 염료에 물들었고 캐나브 지역에 은밀히 물건을 옮길 수 있는 지하 수로가 존재한다는 사실을 증명했죠.

　황금이나 아즈텍 문명의 직접적인 흔적은 아직 발견되지 않았지만, 몬테수마 2세의 황금이 스페인의 추격을 피해 북쪽으로 운반된 후 거대한 지하 수로 시스템 속에 은밀히 숨겨졌을 가능성을 시사하며 트레저 헌터들에게 새로운 희망을 안겨 주고 있습니다.

　피로 물든 역사를 간직한 찬란한 보물, 몬테수마 2세의 황금. 과연 그 거대한 부는 캐나브의 수중 동굴 속에서, 아니면 멕시코 만의 심해에서, 혹은 누구도 짐작하지 못한 비밀스러운 어딘가에 잠들어 있을까요? 그 행방은 여전히 풀리지 않는 세계사의 미스터리로 남아 있습니다.

# 신라 왕실이 감춘 끔찍한 인신공양 설화

에밀레의 울음소리

## 성덕대왕신종에 얽힌 잔혹한 전설

우리에게 '에밀레종'이라는 이름으로 더 익숙한 성덕대왕신종(聖德大王神鐘)은 신라 제35대 국왕 경덕왕이 아버지인 신라 제33대 국왕 성덕왕의 명복을 빌기 위해 제작한 종입니다. 그런데 이 종에는 천년 넘게 사람들 입에서 입으로 전해 내려온, 너무나도 끔찍하고 기묘한 전설이 얽혀 있죠.

경덕왕은 아버지 성덕왕을 위해 종을 만들겠다고 결심했고, 스님들은 집집마다 돌아다니며 종을 제작하기 위한 시주를 받았다.

그러던 중 어린아이를 업은 한 아낙네가 스님을 놀리듯 말했다. "스님, 저희 집은 가난해서 드릴 거라고는 이 아이밖에 없습니다. 가져가시려면 이 아이라도 가져가시지요." 스님은 쓸쓸한 표정으로 그 집을 나와, 계속해서 시주를 받는 데 힘썼다.

이후 전국의 시주를 모아 종 제작이 시작되었지만, 이상하게도 종이 도통 만들어지지 않았다. 불안해하던 경덕왕은 점을 쳤고, '받아올 시주를 받아오지 않았다'라는 점괘를 받았다.

해결할 방법은 아낙네가 시주하겠다고 내밀었던 아이를 종을 만드는 데 사용하는 것뿐이라는 결론 하에, 스님은 아낙네의 품에서 아이를 강제로 데려와 뜨거운 쇳물에 던져 넣었다. 그러자 거짓말처럼 종이 무사히 완성되었고, 종에선 마치 제 어미를 탓하는 듯한 '에밀레, 에밀레' 하는 소리가 울려 퍼졌다.

-성덕대왕신종 설화 중에서


이 설화의 진위 여부를 두고 수많은 논란이 이어져 왔습니다. 에밀레종 설화가 일제 강점기 조선인들을 깎아내리려는 일제의 음모라는 주장부터, 불교의 살생 금기 원칙과 당시 주조 기술상 사람을 쇳물에 넣을 가능성이 낮다는 과학적 반론까지 제기되었죠.

　　　　　　　　　　기묘한 세계사의 미스터리

성덕대왕신종, 일명 에밀레종

하지만 이 끔찍한 설화가 단순히 민간의 창작이나 괴담이 아닐 수도 있다는 충격적인 증거들이 고고학 발굴로 드러나면서, 이야기는 단순한 미스터리를 넘어 신라 시대의 어두운 진실을 향하게 되었습니다.

# 허물어지는 성벽에 바쳐진 희생

과거 세계 각지에서 벌어졌던 인신공양 풍습은 한반도에서도 예외가 아니었습니다. 성벽이나 둑, 다리 등 대규모 토목공사가 반복적으로 실패할 때 사람을 제물로 바쳐 재앙을 막고 성공을 기원했다는 이야기는 인주설화(人柱說話)라는 이름으로 전국 곳곳에 남아 있죠.

제주도의 수산진성에 원숭이띠 13세 소녀가 묻혔다거나, 전라남도 영암의 소바우 마을 둑에 어린아이가 인주로 바쳐졌다는 등의 이야기는 모두 이 끔찍한 풍습을 암시합니다.

2017년 5월, 신라 왕궁이었던 경주 월성의 서성벽 발굴 현장에서 이 인주설화가 단순한 이야기가 아니었음을 증명하는 충격적인 고고학적 증거가 출토되었습니다.

성벽을 쌓기 전 지반을 다질 때, 50대 남성 인골 한 구와 50대 여성 인골 한 구가 발굴되었는데요. 이들은 얼굴을 나무껍질로 감싸고 성벽과 평행하게 누워 있었으며, 성벽의 핵심 골조 근처에 묻혀 있었죠.

성벽이 무너지지 않길 기원하거나 문으로 드나드는 기운을 막고자 계획적으로 바쳐진 인주(人柱)였음을 강력하게 시사하는 사례였습니다.

2017년 경주 월성에서 발굴된 인골,
인주설화를 뒷받침하는 최초의 사례 ⓒ문화재청

4년 후 2021년에 추가 발굴로 같은 장소에서 135센티미터의 왜소한 체격을 지닌 20대 여성 인골이 추가로 발견되었는데요. 이 여성은 곡옥 모양의 목걸이와 팔찌를 착용하고 있었으며, 주위에 토기 대신 말과 소의 갈비뼈가 함께 묻혀 있었죠.

더욱 충격적인 것은, 월성 성벽에선 2016년에 5세 전후의 유아 인골이 발굴되었으며 1985년과 1990년에도 20여 구의 인골이 발견되었다는 점입니다. 신라 왕실의 궁궐인 월성을 축성하는 과정에서 수많은 인명이 인주로 희생되었음을 짐작할 수 있습니다.

## 지증왕 금지 이후의 인신공양

✦

신라 제22대 국왕 지증왕은 6세기 초 불교를 공인하고 부처의 가르침에 따라 사람을 함께 묻는 순장(殉葬)을 법으로 금지했습니다. 왕의 명령이 절대적이었던 당시였기에, 이후에는 인신공양이 완전히 사라졌을 거라고 추측하기 쉽죠. 하지만 고대로부터 이어져 온 풍습은 그리 쉽게 사라지지 않았던 것으로 보입니다.

2000년 여름, 경주 국립경주박물관 부지에서 발굴된 깊은 우물 유적에서 10세 전후의 어린 소녀 인골이 거의 온전하게 발견되면서 충격적인 사실이 드러났습니다.

소녀는 머리를 바닥으로 향하고 오른팔을 위로 뻗은 채 발견되었는데요. 소녀가 우물에 산 채로 던져졌음을 시사하며, 오른쪽 이마의 함몰 흔적은 그 후에 벌어진 상황을 짐작하게 합니다.

소녀의 인골 아래에는 나무 두레박, 빗, 토기 등 70여 점의 제물들이 층층이 쌓여 있었고, 상부에선 신라 시대 국가 제사를 주관하



기묘한 세계사의 미스터리

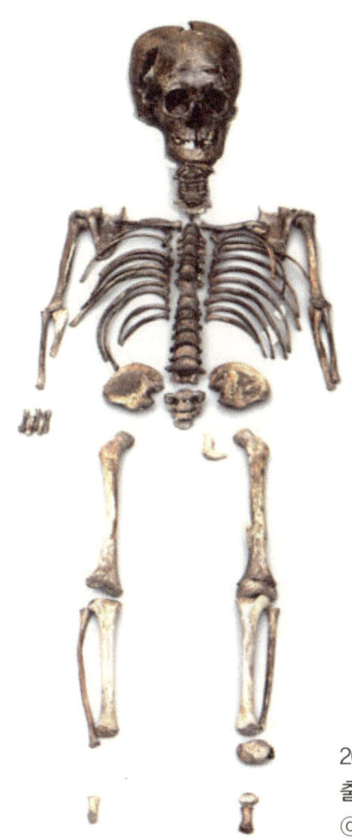

2000년 국립경주박물관 정원 내 우물에서
출토된 신라시대 아이 유골
ⓒ국립경주박물관

던 관청인 남궁(南宮)의 별칭이 찍힌 '남궁지인(南宮之印) 기와 조
각'이 발견되었죠.

한편 우물에선 30여 종에 달하는 2,300여 점의 동물뼈가 출토
되었는데요. 거대한 수컷 개 네 마리와 고양이 다섯 마리, 그리고
경상도의 제사 음식으로 사용되었던 상어의 척추뼈까지 포함되어

있었죠. 귀신을 쫓는 복숭아 씨앗이 함께 출토된 것 역시 일련의 의식이었음을 암시합니다.

이 끔찍한 인신공양 제사는 지증왕이 순장을 금지한 지 한참 지난 9세기경에 이뤄진 것으로 추정됩니다.

## 시대의 절박함, 왕실의 마지막 선택

9세기 신라는 끝없는 가뭄, 충해, 역병, 도적 떼 창궐 등 극심한 자연재해와 사회불안에 시달리고 있었습니다. 부모가 자녀를 팔아 끼니를 때우는 극한 상황에서, 국가의 존속 자체가 위협받고 있었죠.

'남궁지인 기와 조각'은 국가 제사를 주관하던 왕실 관청이 오랜 금기였던 인신공양에 다시 눈을 돌렸음을 암시합니다. 왕실은 국가의 명운을 걸고, 온갖 귀한 동식물 제물에 더해 가장 소중하고 귀한 인간의 목숨을 제물로 바치는 대규모 제사를 올렸던 것입니다. 우물 속에 던져진 소녀는 왕실과 백성 모두의 절박함이 담긴 원념(冤念)의 제물이었을 가능성이 높다 하겠습니다.

1998년, 에밀레종에서 인체에 포함된 인(P) 성분이 검출되지 않았기에 아이가 쇳물 속에 던져졌다는 설화는 단순한 전설로 일단락되었는데요. 불교를 국교로 채택한 신라가 살생을 금기하는 종



기묘한 세계사의 미스터리

을 만드는 과정에 사람을 썼을 리 없으며, 주조 기술상 불순물을 넣지 않았을 거라는 과학적 판단은 타당해 보입니다.

하지만 에밀레종 설화는 쇳물 속 아이가 아닌, 깊은 우물 속에 던져진 아이를 통해 신라 시대 인신공양의 잔혹한 시대상을 반영했던 것은 아닐까요?

왕실의 궁궐과 국가 제사에서 실제로 벌어졌던 끔찍한 비극이 '에밀레'라는 구슬픈 울음소리로 변주되어 천년 넘게 전해 내려온, 기묘하고 슬픈 역사적 미스터리일지도 모릅니다.

## 호메로스가 숨긴 트로이를 찾아서

19세기 초, 독일의 가난한 시골 마을에서 자란 소년 하인리히 슐리만은 일곱 살 크리스마스 선물로 아버지에게서 받은 역사책 한 권에 매료됩니다. 그 책은 바로 고대 그리스의 대서사시, 호메로스의 『일리아스(Iliad)』였는데요. 책에 그려진 크고 튼튼한 트로이 성을 보며, 슐리만은 모두가 '신화 속 이야기'라고 치부하는 그 나라가 실제로 존재했을 거라 믿었죠.

어린 시절의 역경 속에서도 슐리만은 평생의 목표를 잊지 않았

하인리히 슐리만과 프랭크 칼버트

습니다. 그는 사업가로서 막대한 부를 쌓았고, 40세 무렵 마침내 평생의 꿈을 실현할 때가 왔음을 직감했죠. 당시 학계는 트로이를 아틀란티스와 같은 '전설 속의 나라'로 여기는 경향이 강했는데요. 슐리만은 영국의 고고학자 프랭크 칼버트에게서 결정적인 정보를 얻었습니다.

히사를리크 언덕에 트로이 유적이 있을 거라는 확신이었죠. 칼 버트는 그 언덕 부지를 사놓고 협력자를 물색 중이었는데 마침 슐 리만이 나타난 것이었습니다.

1870년 4월, 슐리만과 칼버트는 협력해 발굴을 시작했습니다. 그렇게 3년여의 끈질긴 작업 끝에 마침내 전설로만 여겨지던 고대 도시 '트로이'를 찾아내는 데 성공할 수 있었죠.

이 발견은 학계에 엄청난 충격을 던졌습니다. 호메로스의『일리아스』가 3천여 년의 세월을 뛰어넘어 신화에서 역사로 탈바꿈하는 순간이었죠.

트로이의 실존이 증명되자, 이제 학자들의 관심은 '트로이 전쟁'이 실제로 일어난 역사적 사건인지 그리고 그 전쟁을 끝냈다는 '트로이 목마(Trojan Horse)'가 실재했는지 여부로 옮겨 갔습니다.

## 트로이 전쟁의 진실

✦

호메로스의『일리아스』는 트로이 전쟁을 두고 스파르타의 왕 메넬라오스와 그의 형인 미케네의 왕 아가멤논이 이끄는 그리스 연합군이 트로이를 침공한 사건으로 묘사합니다.

사건은 트로이 왕자 파리스가 아프로디테를 가장 아름다운 신으로 선택하며 시작되는데요, 아프로디테는 세상에서 가장 아름다운 여인인 헬레네를 파리스에게 주기로 하죠. 그런데 헬레네는 이미 메넬라오스의 아내였습니다.

 기묘한 세계사의 미스터리

파리스는 스파르타를 방문해 헬레네를 데리고 트로이로 돌아가고, 아내를 잃은 메넬라오스는 형 아가멤논에게 도움을 청하죠. 사실 헬레네가 결혼하기 전 그녀에게 구혼했던 그리스의 여러 왕자들은 헬레네의 남편이 위협받으면 모두 도와주겠다는 맹세를 했었는데요. 메넬라오스와 아가멤논은 이 맹세를 근거로 그리스 각지의 영웅들을 소집해 트로이를 공격한 것이었습니다.

하지만 학자들이 추측하는 역사적 배경은 보다 현실적이고 경제적인 이유에 근거하죠. 당시 미케네 문명은 지중해 무역에서 강력한 영향력을 행사했습니다.

트로이가 에게해에서 흑해로 들어가는 길목의 요지를 장악하고 통과하는 배에게 통행료를 걷자, 부당함을 느낀 미케네와 연합국들이 무력을 행사했다는 것이 유력한 가설이죠.

트로이의 실재가 곧 트로이 전쟁의 실재를 의미하는 것은 아니었으나, 1870년대 히타이트 제국의 수도였던 튀르키예 하투샤 지역에서 발견된 고문헌은 이 의문을 해소할 결정적 단서를 제공했습니다.

'아히야와'라는 거대한 세력이 '윌루사'를 상대로 전쟁을 벌였다.

-하투실리스 3세의 기록 중

고문헌 속 '아히야와(Ahhiyawa)'는 당시 히타이트가 미케네인들을 부르던 이름이었고, '윌루사(Wiluša)'는 호메로스의 『일리아스』 원문 발음인 '윌리오스'와 철자가 유사했습니다. 또한 히타이트 문헌 속 윌루사의 위치는 슐리만이 발굴한 트로이의 위치와 정확히 일치했죠.

이 기록은 '거대한 미케네 세력이 트로이로 쳐들어왔다'라는 역사적 사실을 뒷받침합니다. 슐리만 발굴 이후 트로이 유적에선 외부 세력에 의해 파괴된 성벽, 불에 그슬린 잔해, 부러진 화살촉, 상처 입은 유해 등이 대량으로 발굴되면서 이곳에서 대규모 전쟁이 있었다는 학설에 더욱 무게가 실렸습니다.

## 트로이 목마는 허구인가, 공성 병기인가?

트로이 전쟁의 실재 가능성이 높아지자 전쟁을 끝낸 장치인 '트로이 목마'의 실존 여부로 시선이 모아집니다. 트로이는 10년 동안 강력한 성벽과 지형적 이점을 이용해 그리스군의 공격을 막았죠.

트로이 목마 이야기는 오직 그리스의 영웅 오디세우스가 생각해 낸 기발한 작전으로 묘사됩니다. 30명이 숨을 수 있는 거대한 목마를 트로이 성 밖에 남겨 두고 그리스군이 퇴각하는 척하자 트

     

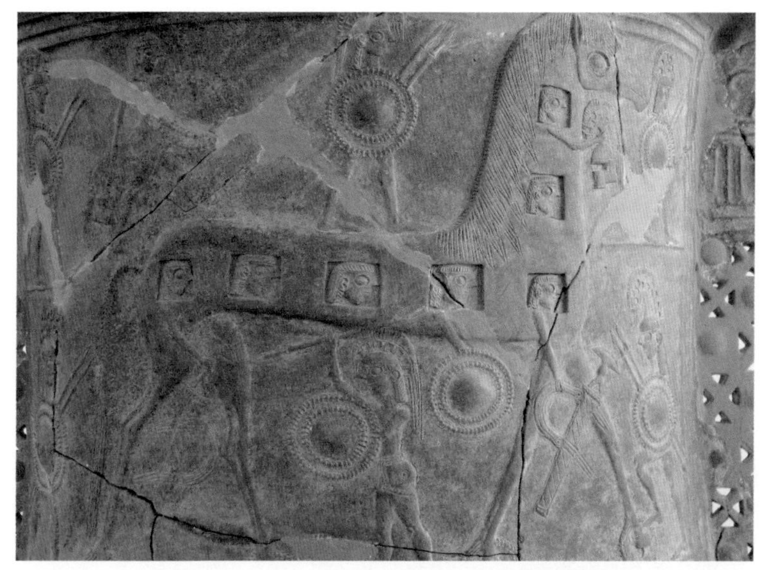

기원전 670년경의 미코노스 도기,
가장 오래된 트로이 목마 묘사

로이인들이 목마를 승리의 전리품으로 착각해 성안으로 들였고, 밤에 목마 속 전사들이 나와 성문을 열어 트로이를 함락시켰다는 것이죠.

역사학자들 대부분은 트로이 목마를 신화적인 이야기가 가미된 허구라고 주장했습니다. 하지만 고대 그리스학 권위자인 코넬대학교의 배리 스트라우스 교수가 놀라운 가설을 제기하죠.

트로이 목마는 실존했을 수 있습니다. 물론 그 안에 장정 수십 명이 들어갈 정도로 커다란 규모는 아니었을 테지만요. 그리스인들이 트로이를 침공한 것을 사죄하고자 신들에게 바친 공물형 조각상이었을 겁니다. 이를 보고 그리스군이 물러간 거라 생각한 트로이의 경계가 느슨해지자, 그 틈을 타 침투한 그리스 전사가 밤에 성문을 열어 본대를 들여보낸 것이죠.

스트라우스 교수의 가설에 뒤이어 다수의 가설 또는 주장들이 잇따라 제기됩니다.

해마(海馬) 설의 경우, 목마는 전투 함선을 의미합니다. 당시 그리스인들은 전투함을 '바다의 말'이라고 불렀거니와 『일리아스』에 그리스 함선을 '해마'라고 표현한 구절이 있다는 것이죠.

공성탑 설의 경우, 목마가 말의 형상이 새겨진 거대한 공성탑이었을 가능성을 제기합니다. 청동기 시대 아시리아 등에서 공성탑에 동물의 이름을 붙이는 관습이 있었다는 것이죠.

포세이돈 제물 설의 경우, 지진으로 전쟁이 끝났고 그리스군이 승리에 대한 감사로 지진의 신이기도 한 포세이돈에게 최고의 선물인 말을 제물로 바쳤다는 것이죠. 실제로 트로이 유적에서 지진에 의한 파괴 흔적이 발견되기도 했으며, 말은 목마로 와전되었다고 보는 게 합당해 보입니다.

   기묘한 세계사의 미스터리

5~6세기 그리스어 필사본 『일리아스』

이 가설들은 트로이 목마 이야기가 실제 역사적 사건을 은유하
거나 과장해 서술된 것일 수 있음을 시사합니다. 즉 거대한 목마
안에 수십 명의 전사가 숨어 있었다는 '신화적 서술' 대신 말의 형
상을 이용한 기만 작전, 신에게 바치는 공물, 공성 병기의 일종이
었을 가능성이 더 높다는 것이죠.

# 계속되는 발견, 신화는 잠들지 않는다

2022년 10월, 시리아에서 또 다른 중요한 고고학적 발견이 있었는데요. 반군으로부터 탈환한 지역의 한 건물 지하에서 1,600년 전 제작된 것으로 추정되는 모자이크가 발견되었죠.

길이 20미터, 폭 6미터에 달하는 이 모자이크에는 『일리아스』 속 트로이 전쟁의 장면과 그리스, 트로이 영웅들의 모습이 완벽하게 묘사되어 있었습니다.

수천 년 전의 유물과 유적들은 현대에 들어서도 꾸준히 발견되며 트로이와 그 일련의 역사를 계속해서 증명하고 있습니다.

트로이 목마는 여전히 역사와 신화의 모호한 경계에 위치해 있습니다. 거대한 목마의 실존 여부는 불분명하지만, 트로이 전쟁이 실재했던 역사라는 가능성이 높아진 만큼 학자들은 언젠가 트로이 목마와 관련된 결정적 기록이나 유물이 발견될 거라는 기대의 끈을 놓지 않고 있죠.

트로이 목마는 허구일까요, 아니면 역사의 장막 뒤에 숨겨진 기묘한 실존이었을까요? 수천 년 전의 진실은 아직도 인류의 탐험을 기다리고 있습니다.

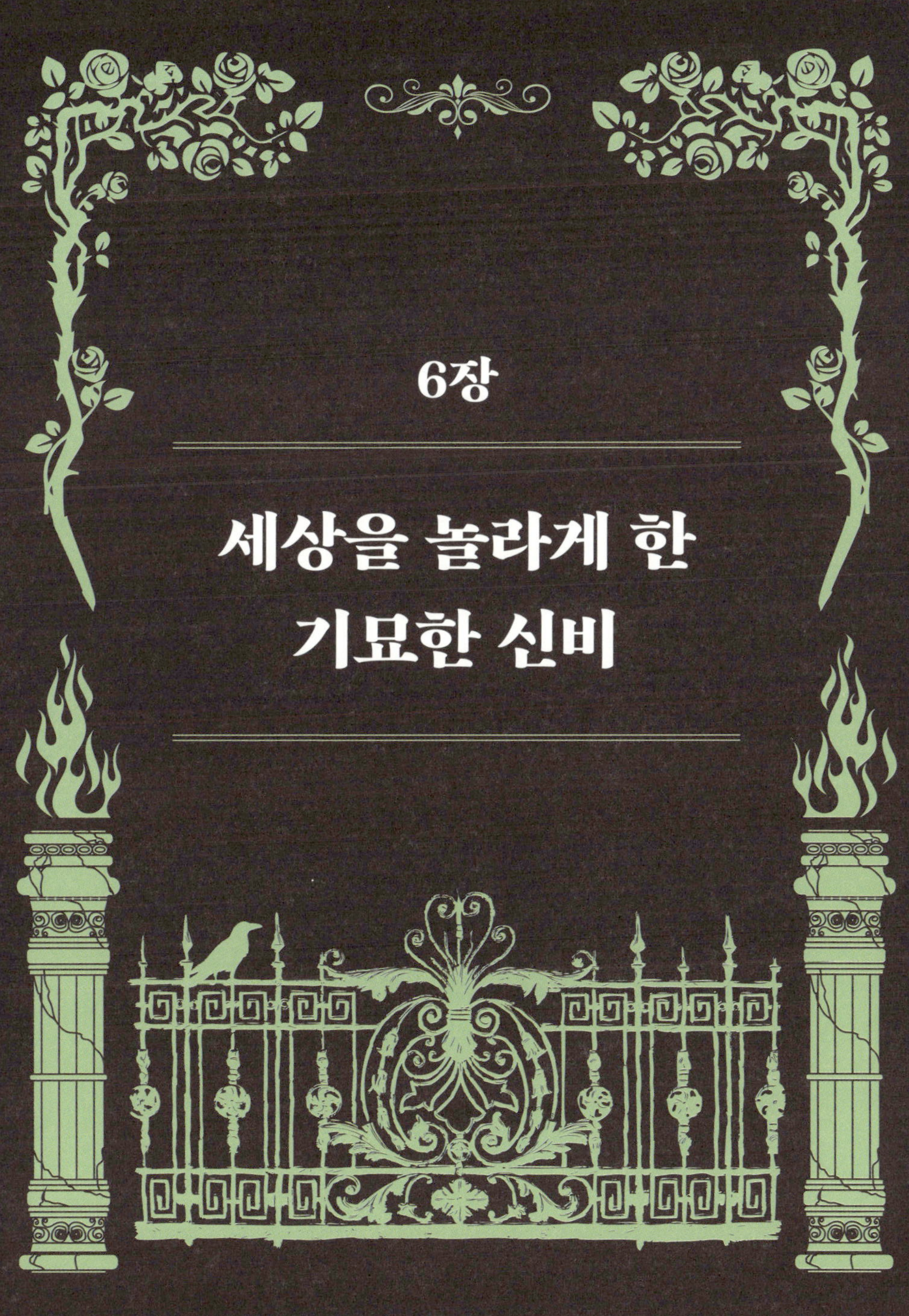

# 6장

## 세상을 놀라게 한 기묘한 신비

# 명나라 북경 대폭발의 기묘한 미스터리

## 핵폭탄을 연상시키는 참상

## 17세기 북경 상공의 기이한 징조

1626년 명나라 천계(天啓) 6년 5월 초엿새 사시(巳時), 명나라의 수도 북경은 일순간 아비규환에 빠졌습니다. 갑작스러운 굉음과 함께 도시 전체가 흔들렸고, 놀란 시민들이 하늘을 올려다봤을 때 도저히 설명할 수 없는 광경을 목격했습니다. 하늘에는 거대한 버섯 모양의 구름이 피어오르고 있었죠.

역사 기록은 흔히 정통성을 부여하거나 사건을 과장하고자 신화적 은유를 사용하곤 합니다. 하지만 이 '북경 대폭발' 혹은 '천계 대

폭발' 사건은 명나라 조정의 공식 기록인『희종실록(熹宗實錄)』, 명나라 조정이 발행하는 신문 〈저보(邸報)〉, 청나라 학자 주이준이 저술한 「일하구문(日下舊聞)」 등 여러 신뢰도 높은 사료에 공통적으로, 또 매우 구체적으로 기록되어 있음에도 불구하고 그 실체가 미궁에 빠져 있는 기괴한 사건입니다.

폭발이 일어나기 직전, 북경은 이미 심각한 가뭄과 기근 그리고

1626년 명나라 지도

이해할 수 없는 징조들로 가득했습니다. 4월부터 '머리가 아홉 달린 새'를 뜻하는 구두조(九頭鳥)가 관상대(천문대)에서 밤낮없이 울어 댔다는 소문이 퍼졌죠. 5월에는 붉은 보라색, 푸른 형광색의 구름이 번갈아 출현했고, 폭발 네 시간 전에는 불의 신을 모시는 화신묘(火神廟)에서 정체불명의 음악 소리가 들리더니 홍색의 구슬이 묘 밖으로 날아가는 기괴한 일까지 기록되어 있고요. 폭발 15분 전, 말을 타고 성안으로 들어오던 관리는 붉은 모자를 쓴 남자가 괴수를 타고 하늘에 떠 있는 소름 끼치는 광경을 목격하기도 했습니다. 곧이어 거대한 충격과 함께 이른바 북경 대폭발이 시작되었죠.

## 핵폭발을 연상시키는 참상, 사라진 도시

명나라 조정의 신문 〈저보〉는 이 사건을 '천변저초(天變邸抄)'라는 호외로 특별보도하며 폭발의 참상을 자세히 기록했습니다.

천계 병인 오월 초엿새 사시, 하늘색은 하얗고 맑았는데 돌연 고함 같은 것이 들렸다. 동북쪽에서 점차 경성 서남쪽 모서리까지 회색 기운이 솟아오르고 집들이 흔들렸다. 곧 큰소리가 진동하더니, 흔들리고 쓰러지는 것이 더 심해졌다. 시신이 층을 이뤘고, 역겨운 냄새

      기묘한 세계사의 미스터리

가 하늘을 뒤덮였으며, 기왓장과 벽돌이 하늘에서 떨어졌다. (...) 멀리서 바라보니 붉은색, 하얀색, 노란색, 파란색, 녹색으로 빛나는 구름이 어지럽게 일어났다. 그 구름의 모습은 마치 영지 버섯과도 같았고, 하늘 높이 치솟았다. (...) 장안가 일대에는 공중에서 사람의 머리가 떨어져 내렸으며 코, 눈썹, 이마가 조각나 쏟아져 내렸다.

여러 사료에서 공통적으로 발견되는 '버섯 모양 구름' 그리고 붉은색, 파란색, 녹색 등 형형색색으로 빛났다는 묘사는 현대의 우리가 '핵폭발'을 연상하게 만드는 충격적인 대목인데요. 그 파괴력 역시 일반적인 재해와는 차원이 달랐죠.

수만 채의 가옥과 2만여 명의 사람들이 폭발 반경 750미터 이내에서 완전히 문드러져 사라졌습니다. 폭심지에서 2킬로미터나 떨어진 곳까지 사체 조각과 돌덩이가 비처럼 쏟아졌죠. 장안가(북경의 중심가)에는 공중에서 사람의 머리가 떨어져 내렸고 코, 눈썹, 이마가 조각나 쏟아져 내리는 끔찍한 기록까지 남아 있습니다.

이 엄청난 진동과 충격에 당시 황제였던 희종 천계제마저 머리를 감싼 채 도망쳤으며, 동물원의 코끼리들까지 겁을 먹고 뛰쳐나올 정도로 북경은 완전히 혼란에 빠졌습니다. 심지어 천계제의 생후 7개월 된 유일한 황자가 목숨을 잃었고, 천계제 또한 대폭발 이듬해 21세 젊은 나이로 요절했으니 그의 동생이 황위에 올랐죠.

명나라 제15대 황제 희종 천계제

# 벗겨진 옷과 사라진 사람들

폭발 현장에 대한 기록은 상식적으로 이해하기 어려운 기괴한 미스터리를 더했습니다.

가장 이상한 점은 폭발에 휘말린 사람들이 모두 나체였다는 것인데요. 사망자뿐만 아니라 살아남은 사람들까지 남녀노소 불문하고 의복이 벗겨진 채 거리를 달려 나갔습니다.

심지어 가마에 타고 있던 여인은 의복은 물론 장신구까지 모조리 벗겨졌는데, 정작 가마는 멀쩡해 나체가 된 여인이 가마 안에서 옴짝달싹하지 못했다는 기괴한 기록까지 남아 있죠.

이렇게 벗겨진 의복들은 장신구나 동전 따위와 함께 폭심지에서 무려 50킬로미터 떨어진 창평 지역까지 날아간 후 산처럼 쌓였다고 합니다.

거대한 폭발이 일어났음에도 불구하고, 기록에 따르면 화재로 인한 피해가 거의 존재하지 않았습니다. 대부분이 목재였던 명나라 시대 건물들은 불에 타지 않았고, 정원의 나무들 역시 모조리 뿌리째 뽑혀 나갔지만 불에 탄 흔적은 발견되지 않았죠. 거대한 폭발력은 있었으나, 고열에 의한 화재 피해는 전무했던 것입니다.

폭발 이후, 수많은 사람이 흔적도 없이 사라졌다는 기록도 미스터리를 심화시킵니다. 가마만 남긴 채 여덟 명의 가마꾼과 탑승객 여인이 실종되었고, 친구를 만나러 가던 총병(군 최고위급)과 일곱 명의 병사가 통째로 행방불명되었습니다. '여섯 명과 이야기를 나누던 중 돌연 머리가 사라지고 몸통은 땅바닥에 주저앉았다'라는 기록처럼 신체의 일부만 실종된 사람들도 있었습니다. '천변저초'에는 '몸통이 없는 머리, 팔, 다리가 우수수 하늘에서 떨어져 내렸다'라는 섬뜩한 묘사도 남아 있습니다.

이러한 기록들은 마치 미지의 존재가 연구 목적으로 인간의 신체 부위를 선별해 수집한 것처럼 보이기도 합니다.

## 외계인의 소행인가?

✦

당시 명나라 군대는 화약 무기 제조에 공을 들이고 있었기에, '화약고 폭발설'이 가장 먼저 제기되었죠. 하지만 당시의 흑색 화약으로는 버섯구름이 피어오를 만큼 거대한 폭발이 불가능했을 뿐더러, 화재가 없었다는 기록과 나체가 된 시신들 같은 기이한 정황은 이 가설을 부정합니다.

지진설이나 운석 충돌설 역시 명확한 근거 부족으로 힘을 잃자, 신비론자들은 '외계인의 소행'이라는 대담한 가설을 제기했는데요. 폭발 직전 목격된 홍색 구슬과 붉은 모자의 남자 같은 이상한 물체들, 그리고 버섯구름이 형형색색이었다는 점은 '미확인 비행 물체(UFO)'의 등장을 시사하죠.

폭발에 휘말린 사람들의 옷과 장신구를 일괄적으로 벗겨 낸 것은 연구 대상의 상태를 확인하려 했기 때문이고, 옷가지들을 50킬로미터 떨어진 곳에 쌓아 둔 것은 가져갈 필요성을 느끼지 못했기 때문이라는 주장이 나오기도 했습니다.

1986년, 중국에서 북경 대폭발 360주년을 맞아 원인 규명을 위한 대규모 학술 토론회가 열렸습니다. '대기의 정전기 회오리설' '지구 외핵 폭발설' 등 새로운 가설들이 등장했지만, 어느 것 하나 명쾌한 결론을 내지 못하고 막을 내렸죠.

1626년 명나라 북경 상공에 피어올랐던 무지갯빛 버섯구름. 그것은 단순한 화약고 폭발이 아닌, 지구 밖 우주에서 유래한 미지의 힘이 일으킨 불가사의한 사건이었던 것은 아닐까요?

17세기 명나라의 수도를 일순간 지옥으로 만들었던 이 기묘한 미스터리는 오늘날까지도 풀리지 않은 채 남아 있습니다.

# 19세기 영국을 공포로 물들인 악마의 발자국

160킬로미터의 기행

## 영국 데번주에 나타난 기이한 발자취

1855년 2월 8일, 영국 데번주에는 그해 가장 혹독한 눈보라가 몰아쳤습니다. 마을 사람들이 깊은 밤 기이한 소리에 잠을 설칠 때, 눈이 쌓인 바깥에는 누구도 상상하지 못할 끔찍한 흔적이 새겨지고 있었죠.

이튿날 아침, 집 밖으로 나온 주민들은 경악을 금치 못했는데요. 마을 초입부터 숲속으로, 그리고 도시 전체를 가로지르며 발굽 모양을 한 정체불명의 발자국이 일직선으로 이어져 있었기 때문

         기묘한 세계사의 미스터리

이죠. 이른바 역대급 한파로 땅이 단단하게 얼어붙은 상황에서, 이 발자국은 마치 불로 달군 쇠 발굽으로 찍어 낸 것처럼 선명하게 남아 있었습니다.

주민들이 공포에 떨었던 가장 큰 이유는 이 발자국의 '설명되지 않는 이동 경로' 때문이었는데요.

발자국의 주인은 자신을 가로막는 울타리, 짚단, 심지어 집의 외벽까지도 피하거나 돌아가지 않고 마치 통과하듯 지나갔습니다. 또한 발자국은 건물의 외벽을 수직으로 걸어 올라 지붕 위에도 찍혀 있었으며, 다시 반대편 외벽을 타고 내려왔죠. 모든 이동 경로에서 발자국의 보폭은 흐트러짐 없이 일정한 간격을 유지했고요.

발자국은 길이 10센티미터, 너비 8센티미터의 작은 크기였으며, 가장 이상한 것은 완벽하게 일직선으로만 이어져 있었다는 점입니다. 발자국의 주인이 좌우 발을 번갈아 걷는 일반적인 동물과 달리, 외발로 뜀뛰기 하듯 걸으면서 모든 장애물을 건너뛰었음을 의미했습니다.

마을 사람들은 공포 속에서 발자국을 따라갔고, 깊은 숲속에서 인근 다른 마을 주민들과 마주쳤죠. 그들이 숲속에서 마주친 이유는 분명했는데요. 이 정체불명의 존재가 하룻밤 사이에 두 마을을 가로질렀던 것입니다.

〈일러스트레이티드 런던 뉴스〉 1855년 3월 12일 자 기사 중
'눈 속의 발자국'


# 160킬로미터의 대장정, 악마의 별칭이 붙다

충격적이게도 이 기이한 발자국은 데번주 남부와 동부 전역에서
관찰되었습니다. 남쪽으로는 토트니스, 북쪽으로는 엑서터 외곽
까지 이어져 있었고 그 길이는 무려 160킬로미터에 달했습니다.
이 경로에는 심지어 넓은 강까지 포함되어 있었죠.

강둑에서 끊긴 발자국은 강이 끝나는 반대편 둑에서 일직선상
정확히 같은 위치에서 다시 시작되었는데요. 울타리도, 집도, 강도
개의치 않고 오직 직선으로만 하룻밤 사이에 160킬로미터를 이동
한 괴생명체의 흔적은, 사람이나 보통의 동물로는 도저히 남길 수

없는 기괴한 족적이었습니다.

사건은 데번주를 넘어 영국 전역으로 퍼져 나갔고, 〈타임스〉를 비롯한 주요 언론에 대서특필되었죠.


엑서터 인근과 데번 남부에 많은 눈이 내린 날, 마을 주민들은 이상하고 신비로운 동물의 발자국을 발견했다. 그 발자국은 집 꼭대기와 좁은 담, 정원과 안뜰, 높은 담으로 둘러싸인 곳 등 모든 장소에서 설명할 수 없는 형태로 발견되었다.

-〈Bell's Life in Sydney〉 1855년 2월 18일 자 기사 중


사람들은 이 발자국을 특유의 발굽 모양과 기이한 족적 때문에 '악마의 발자국(Devil's Footprints)'이라고 부르기 시작했습니다. 고대 신화 속 사티로스나 기독교 전승 속 바포메트처럼, 발굽을 가진 악마의 이미지가 뿌리 깊게 박혀 있던 당시 영국인들에게 원초적인 공포로 다가왔죠.

'그것'의 존재를 간접적으로나마 느낀 건 오직 한 사람, 다우리쉬 숲에 오두막을 짓고 살던 사냥꾼 윌리엄이었습니다. 그는 그날 밤, 사냥개들이 뭔가를 보고 맹렬히 짖다가 나중에는 꼬리를 말고 잔뜩 겁에 질린 채 돌아왔다고 증언했는데요. 다음 날, 그의 집 앞에서도 예의 그 발자국이 발견되었죠.

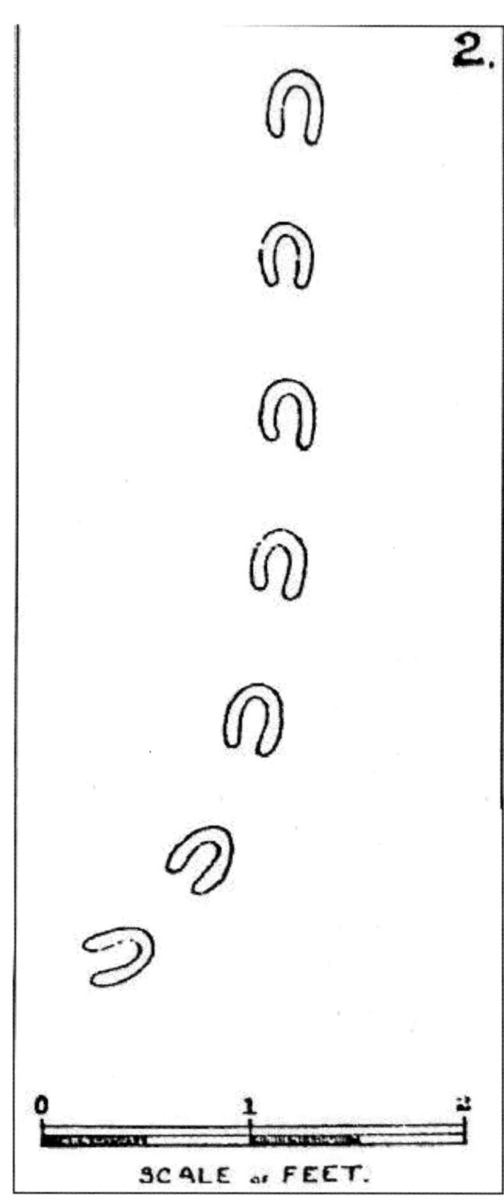


1855년
〈일러스트레이티드
런던 뉴스〉에 실린
'악마의 발자국'

288

# 동물 가설과 풍선 가설, 풀리지 않는 의문

사건의 정체를 설명하고자 수많은 가설이 제기되었으나, 그 어느 것도 '악마의 발자국'의 기이한 특징들을 만족시키지 못했습니다.

동물 가설의 경우 염소, 사슴, 오소리, 심지어 탈출한 캥거루의 발자국일 가능성을 주장했습니다. 하지만 완벽한 일직선의 족적과 외발 뜀뛰기 형태를 설명할 수 없었죠. 벽을 통과하고 지붕 위를 이동하는 건 더더욱 불가능했고요.

풍선 가설의 경우, 왕립해군기지에서 날린 실험용 기상 관측 풍선이 원인이라며 풍선에 매달린 쇠 족쇄가 눈밭을 끌며 발굽 자국을 남겼을 거라고 주장했습니다.

하지만 160킬로미터를 이동하는 동안 족쇄가 어떻게 장애물에 걸리지 않았는지 설명할 수 없었고, 발자국이 일정한 보폭과 일직선을 유지한 이유 또한 설명이 불가했죠. 특히 족쇄가 끌린 흔적이 아닌 오로지 발자국 형태로만 남은 점이 모순이었습니다.

초자연적 가설도 있습니다. 악마 혹은 사악한 존재의 소행이라는 것이죠. 하지만 직접적인 목격자나 물증이 없으며, 집단 히스테리 또는 종교적 광기에 의한 해석일 가능성이 농후했습니다.

그중 풍선 가설은 작가 제프리 하우스홀드의 할아버지 증언을 통해 꽤 구체적으로 제기되었으나, 160킬로미터의 거리를 일정한 보폭으로 심지어 지붕에 끌린 흔적이 아닌 찍힌 발자국 형태로 남겼다는 핵심적인 미스터리는 끝내 풀리지 않았습니다. 바람의 방향과 속도가 시시각각 변하는 상황에서, 풍선이 일직선으로 날아간다는 것은 상식적으로 납득하기 어려웠죠.

발자국의 정체가 명확히 해석되지 않자, 영국 전역의 공포는 더욱 커졌습니다. 당시 일부 마을에서는 악마의 표식이라 여기고 밤에는 아예 문을 걸어 잠그고 나가지 않는 풍습이 생기기도 했죠.

19세기 중반 영국 전역을 뒤흔들었던 '악마의 발자국' 미스터리는 결국 명확한 결론 없이 종결되었습니다. 특이한 보폭과 족적을 가진 미지의 동물이었을 수도 있고, 미스터리를 감추기 위한 정부의 은폐된 실험의 흔적일 수도 있겠지요. 또는 인간이 감히 접근할 수 없는 사악한 초자연적 존재의 발자취였을지도 모릅니다.

진실이 무엇이든 160킬로미터에 걸쳐 일직선으로 새겨진 그 기묘한 발자국은 19세기 영국인들의 마음에 원초적인 공포를 심어줬고, 오늘날까지도 풀리지 않는 세계사의 기묘한 미스터리로 남아 있습니다.

# 수천 년간 일본에서 목격된 정체불명의 괴뱀

## 망치뱀 수수께끼

### 6천 년 전부터 시작된 미스터리

일본 나가노현의 역사관에는 약 6천 년 전 신석기 시대 조몬 유적(繩文遺蹟)에서 출토된 독특한 토기가 보관되어 있습니다. 이 투박하면서도 세밀한 토기에는 도마뱀 같기도, 뱀 같기도 한 동물의 조각이 붙어 있는데요. 현대의 어떤 생물과도 닮지 않은 기묘한 형상을 하고 있죠. 이 조각은 학자들 사이에서 수천 년 동안 일본 열도에 신출귀몰하는 것으로 알려진 미확인생명체 '츠치노코(ツチノコ)'를 형상화한 것이 아닐까 추측되고 있습니다.

츠치노코는 일본에서 가장 유명하고 오랜 역사를 가진 괴생명체인데요. 일본의 요괴(妖怪)와 달리 츠치노코는 신비로운 능력을 가진 존재가 아니라, 그저 실존하는 생명체로 분류되어 수천 년 동안 그 명맥을 이어 왔다고 여겨지죠.

하지만 그 실체가 단 한 번도 공식적으로 드러난 적이 없기 때문에, 일본 내에서는 UMA(Unidentified Mysterious Animal, 미확인동물)로 분류되어 현재까지 전해져 내려오고 있습니다.


## 고문헌 속의 망치뱀


츠치노코에 대한 역사는 조몬 시대 혹은 그 이전부터 시작되었을 것으로 추정되는데요. 현존하는 가장 오래된 역사서인 8세기 초의 『고사기(古事記)』와 『일본서기(日本書紀)』에도 그 기록이 남아 있다고 전해집니다. 시간이 흐르면서 목격담이 구체화되었고, 18세기에는 백과사전에도 공식적으로 등재되기에 이르렀죠.

1712년, 의사 테라시마 료안이 저술한 백과사전 『와한 3세 도회(和漢三才図会)』의 「용뱀류」에는 '츠치노코'를 뜻하는 속칭 '망치뱀'에 관한 서술이 있습니다.


  기묘한 세계사의 미스터리

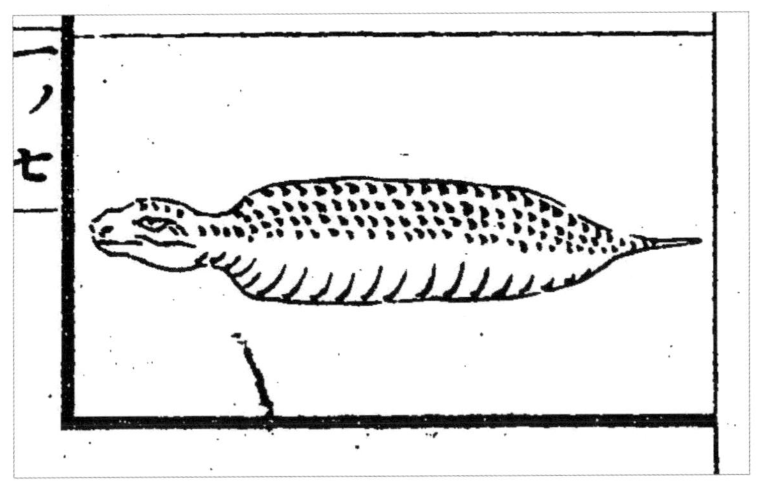



『신노기승록』에 실린 츠치노코 삽화

망치뱀은 산속 깊은 곳에 서식한다. 머리와 꼬리가 비슷하고 꼬리가 뾰족하지 않아 망치를 닮았다고 하여, 속칭 망치뱀이라고 한다. 몸길이는 30~60센티미터 정도이며 (…) 언덕을 빠르게 내려가는 반면 오르막을 올라가는 것은 매우 느려서, 마주치면 서둘러 높은 곳으로 올라가야 추격당하지 않는다.

이 기록에 따르면, 츠치노코는 그 특유의 짧고 뭉툭한 외형을 이용해 맥주병이 굴러가듯 데굴데굴 굴러 내리막을 빠른 속도로 이동할 수 있었다고 합니다. 이 외에도 19세기까지 기록된 수많은 문헌은 츠치노코의 특징을 공통적으로 언급하고 있습니다.


1척 길이에 가다랑어 모양처럼 생긴 것, 어디가 머리이고 어디가 꼬리인지 분간이 힘든데 마을의 노인에게 물으니 '야망치'(*츠치노코를 일컫는 옛 지역 방언)라고 하였다.

— 에도시대 서적 『농양사략』 중에서


촌의 산 속에서 기이한 뱀이 나왔는데, 몸체가 두꺼운 소나무 뿌리 같았다. 배와 등에 비늘이 있었으며 검푸른색을 띄었다. 머리와 꼬리가 두꺼운 몸통보다 가느다란 것이, 토박이들이 '야망치'라고 부르는 게 바로 이것일 것이다.

— 구로다 스이잔, 『야산초목통지』, 1822


망치뱀의 길이는 2척 남짓. 머리와 꼬리가 균등한데, 꼬리가 뾰족하지 않고 망치 자루처럼 생겼다. 무늬는 없고 비늘은 흑색이다.

— 오하라 모도동, 『도모 유필』, 1883


서로 다른 시대와 지역에서 기록된 목격담들이 공통적으로 '짧고 통통한 몸체'를 강조하며 일치하는 모습을 보이는 것은, 츠치노코가 단순한 착각이 아닌 특정한 생물에 대한 관찰 기록일 가능성

　　　　　　　기묘한 세계사의 미스터리

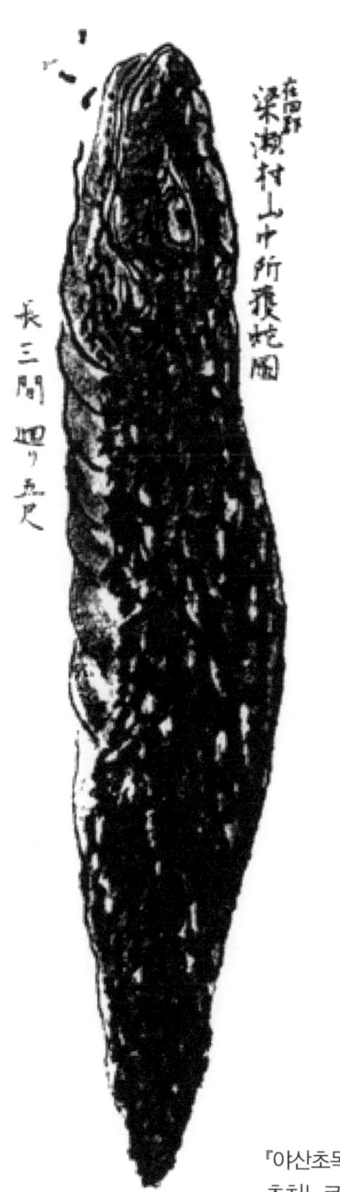


『야산초목통지』에 실린
츠치노코 삽화

을 높입니다.

이외에도 츠치노코는 '치', 하는 울음소리를 내고, 애벌레처럼 몸을 꾸물거리며 이동하며, 된장이나 술 냄새를 좋아하고, 독을 갖고 있다는 특징이 있는데요.

특이한 점은 몸을 움츠렸다가 순간적으로 펴면서 용수철처럼 최대 2미터 높이까지 튀어 오를 수 있다는 것입니다.

# 환상의 뱀을 찾아서

점차 전설 속 동물로 인식되던 츠치노코, 하지만 1962년 잡지 〈낚시의 친구〉 4월호에 실린 한 에세이스트의 투고 글로 일본 전역에 다시금 츠치노코 포획 붐을 일으키는데요.

에세이스트 야마모토 소이치는 1959년 교토의 깊은 산 속에서 맥주병 두께에 40센티미터가 넘지 않는 '납작하고, 굵고, 짧은 뱀'이 자신을 향해 날아와 공격하려 했다는 기묘한 일화를 잡지에 기고했습니다. 이 일화는 큰 반향을 일으켰고, 소이치는 일명 '츠치노코 탐험대'를 조직하기에 이르렀죠. 이후 일본의 재벌 그룹 세이부(SEIBU)가 포상금을 대폭 지원하면서 붐은 절정에 달했습니다. 사망 시 10만 엔, 생포 시 30만 엔이라는 당시로서는 파격적인 금액을 내걸었죠. 참고로 현재는 효고현 치네초의 경우, 생포 2억 엔이라는 어마어마한 금액이 걸려 있습니다.

1970년대 오컬트 붐과 맞물려 소설(타나베 세이코의 『미끄러져 넘어져』), 만화(야구치 다카오의 『환상의 괴물 뱀』), TV 드라마 등 대중 매체를 통해 츠치노코의 유명세는 정점을 찍었습니다.

전국 각지의 마을과 지자체에서는 츠치노코 포획 대회를 열어 경쟁적으로 현상금을 내걸었고요. 하지만 전국적인 열기에도 불구하고 츠치노코는 어디에서도 발견되지 않았습니다.

# 사육 기록과 미라 소동

2004년, 기노쿠라 시게라가 출판한 『츠치노코: 환상의 희귀동물이자 일본 고유 사슬뱀에 대한 기록』이라는 책이 세간을 다시 한 번 뒤흔들었습니다.

이 책은 저자의 할아버지이자 이화학연구소 연구원이었던 기노쿠라 사노스케가 1942년 포획한 츠치노코를 1년 동안 사육하며 남긴 관찰 기록을 담고 있었는데요.

이 놀라운 기록에는 츠치노코가 몸길이 약 30센티미터, 몸통의 최대 폭 8센티미터의 굵고 납작한 체형을 가졌고 쥐꼬리를 짧게 자른 듯한 가느다란 꼬리가 있었으며 머리는 평평했는데 눈이 매우 작았다고 합니다. 몸은 갈색의 미세한 비늘로 덮여 있어 개구리와 비슷했다고 하죠.

새벽 2시부터 4시 사이에만 활동하며, 극도로 겁이 많아 인기척만 들려도 흙 속에 숨는다고 하고요. 위협을 느끼면 60센티미터 높이까지 도약하며, 일반 뱀독에는 없는 강한 환각 작용 유발 물질을 지니고 있다고 했습니다.

하지만 책의 발행 부수도 적었고, 츠치노코가 죽은 뒤 제작되었다는 골격 표본은 전쟁통에 소실되는 바람에 기록은 곧 잊혔습니다. 이후 파충류 연구자들은 츠치노코의 체형을 고려할 때 60센티미터 점프는 물리학적으로 불가능하다는 회의적인 입장을 보이기도 했지만, '독사 종류의 뱀이 돌연변이를 일으킨 후 그 형질이 퍼지게 된 경우'일 가능성만큼은 완전히 배제하지 않았죠.

이후 2018년 〈고베 신문〉에 '츠치노코의 미라 발견' 기사가 실리는 등 소동이 이어졌으나, 결국 미라는 애완용 '푸른혀도마뱀'일 가능성이 높다는 결론이 나며 해프닝으로 끝났습니다.


## 착각인가, 멸종된 고유종인가?

츠치노코를 둘러싼 논쟁은 크게 두 가지 가설로 나뉩니다.

첫 번째는 착각으로 발생하는 오해라는 것입니다. 츠치노코는 산란기의 도마뱀이나 먹이를 삼킨 뱀처럼 배가 불룩한 생물을 보고 사람들이 '망치뱀' 전설과 연관 지어 오해한 결과라는 것이죠. 1970년대 오컬트 붐 시기에 수입된 외래종인 푸른혀도마뱀이 츠치노코와 외형이 유사해 목격담을 부추겼을 수 있다고 말입니다.

두 번째는 츠치노코가 실존하는 희귀동물이라는 것입니다. 츠치노코가 일본 고유의 특이한 뱀 종이었으나, 서식지 파괴나 불길한 존재로 여겨져 죽임을 당하는 등의 이유로 19세기 전후 멸종했거나 극소수만 남았다는 것이죠.

　기묘한 세계사의 미스터리

수천 년 동안 목격담이 이어져 왔고, 서로 다른 시대의 기록들이 공통된 특징을 보이고 있으며, 츠치노코를 뜻하는 지역별 방언이 50개에 달하고, 일본 전역에 서식한다고 알려져 있으나 홋카이도와 아마미시, 오키나와섬에서는 목격담이 전무하다는 점 등이 츠치노코를 실존했던 동물이라고 여길 수 있게 만들었습니다.

아울러 특정 지역에서 집중적으로 목격된 기록도 있고, 기록이 많이 남아 있는 교토 북부 지역에서는 츠치노코의 존재를 당연하게 받아들이고 있죠.

츠치노코 포획 대회는 현재까지도 이어지고 있습니다. 잡히지 않으니 상금이 이월되면서 기하급수적으로 늘어나 로또 상금에 버금가는 현상금이 걸려 있는 상황이죠. 그럼에도 여전히 츠치노코의 실체는 확인되지 않고 있습니다.

그런데 정작 포획 대회가 열리는 각 마을의 주민들은 츠치노코 포획에 참가하지 않는다고 하는데요. 그들은 츠치노코를 신성하거나 불길한 존재로 여겨 포획에 참여하지 않는 금기 풍습이 있다고 합니다.

조몬 시대부터 기록되어 온 이 짧고 통통한 괴뱀은 과연 단순한 착각과 오해로 탄생한 전설일까요, 아니면 우리 시대의 눈을 피해 깊은 땅속에서 숨 쉬고 있는 신비로운 일본 고유종일까요?

# 개 인간은 과연 미지의 인류종이었나

## 고대 인도의 미스터리 부족, 키노케팔로이

### 고대 문헌의 교차 검증

역사의 아버지라 불리는 고대 그리스의 역사가 헤로도토스의 저서 『역사(Histories)』에는 '키노케팔로이(Kynokephaloi)'라는 기이한 인간 종족에 대한 기록이 등장합니다. 이들은 몸통과 팔다리는 사람과 같지만, 머리가 개의 형상을 띠고 있는 정체불명의 집단인데요. 이러한 일명 '개 인간'에 대한 기록은 헤로도토스 외에도 동시대 다양한 역사가들의 문헌에서 놀라울 정도로 반복되어 나타납니다.

이를테면 그리스 역사가 크테시아스의 『인디카(Indica)』를 보면 "인도 산악 지대에 사는 개 머리 종족은 동물의 가죽옷을 걸치고 개처럼 짖으며 서로 의사소통을 나누는데, 사람을 만나면 으르렁 거리지 않고 손과 손가락을 이용한 수신호로 대화를 나눈다. 남녀 모두 엉덩이 위에 꼬리가 있으며 그 길이와 털의 생김새는 각기 다 르다. (...) 개 인간들은 장사를 하지 않고 사냥을 하며 산다. 활을 당기고 창을 던지는 데 매우 능숙하고, 높고 험준한 산에 거주하기 때문에 전쟁에서 패배하지 않는다. 왕은 그들에게 주기적으로 활 과 창, 검을 선물로 보내며 우호를 다졌다."라고 나와 있죠.

그런가 하면, 동시대 그리스의 여행가 메가스테네스는 '인도의

『뉘른베르크 연대기』
(1493)에서 발췌한
키노케팔로이의 모습

산에 살며 짖는 소리로 소통하는 개 머리 부족'에 관한 기록을 남겼고 로마의 여행작가 아엘리아누스는 '인도에 살지만 인도어를 하지 않고 울부짖는 부족'에 관해 이야기했죠.

이렇듯 고대 그리스와 로마의 역사가들은 미지의 땅에 대한 대중의 호기심이 높았던 시대적 배경 때문에 전설이나 소문을 기록에 담을 수 있었는데요. 그러나 이 '개 인간'에 대한 기록이 단순한 소문을 넘어 동서양을 불문하고 비슷한 위치와 묘사로 수많은 문헌에 흩어져 있다는 점에서 미스터리가 심화됩니다.


## 중세 탐험가 마르코 폴로의 증언

✦

고대 그리스에서 시작된 키노케팔로이의 이야기는 중세 탐험가들의 여정 속에서도 발견되는데요. 13세기 이탈리아의 탐험가 마르코 폴로가 남긴 『동방견문록(Livres des merveilles du monde)』에도 이 기이한 부족에 대한 기록이 있습니다.

뱅골만의 안다만 제도에는 신을 믿지 않는 야수인들이 살고 있다. 그들은 개와 같은 머리를 가지고 있으며 이빨과 눈도 영락없는 짐승의 형태다. 주식은 사냥을 통해 잡은 동물의 날고기다.

     기묘한 세계사의 미스터리

마르코 폴로 『동방견문록』의
한 페이지

　마르코 폴로가 언급한 안다만 제도(Andaman Islands)는 고대 역사
가들이 언급한 인도와 지리적으로 매우 가까운 섬입니다. 이슬람
의 위대한 여행가 이븐 바투타 역시 인도에서 '입이 개와 같은 부
족'을 만났으나, 입 모양을 제외하고는 우리와 똑같은 사람처럼 보
였다는 기록을 남겼죠.

# 미스터리를 풀려는 시도

✦

고대 그리스부터 중세의 탐험가들까지, 수천 년에 걸쳐 인도-뱅골만 일대에서 목격되었다고 기록된 '개 인간' 키노케팔로이의 정체는 과연 무엇이었을까요?

학자들은 문헌에 표기된 위치적 특성을 토대로, 키노케팔로이가 인도와 수마트라 사이의 섬 일대에 거주하던 멘타와이 부족(Mentawai people)을 오인한 것일 수 있다는 가설을 제기했습니다.

멘타와이 부족은 오래된 전통을 갖고 있는데요. 돌을 이용해 이빨을 날카롭게 갈아 짐승처럼 만드는 '치아 연마' 전통이 그것이죠. 학자들은 치아 연마를 한 부족민들의 얼굴이나 부족 고유의 페이스 페인팅, 의식용 마스크 등이 옛사람들에게 개나 짐승의 형상으로 비쳤을 수 있다고 추측했습니다.

하지만 이 가설만으로는 키노케팔로이에 대한 모든 기록이 설명되진 않습니다. '개처럼 짖었다' '꼬리가 있었다' '날고기를 주식으로 삼았다' 등의 구체적인 묘사는 단순히 부족의 전통이나 오해만으로는 설명하기 어렵기 때문이죠.

 

# 성 크리스토퍼의 거대한 이빨

놀랍게도, 키노케팔로이족이었다고 전해지는 인물 중에는 기독교의 성인(聖人)으로 추앙받는 역사적 인물도 존재합니다. 바로 예수를 안고 강을 건넜다는 '성 크리스토퍼'죠.

중세 후기까지 성 크리스토퍼를 묘사한 삽화나 그림 중 상당수에서 그의 머리를 개의 형상으로 그려 놓은 것을 볼 수 있는데요.

10세기 후반 독일 주교의 기록에 따르면, 성 크리스토퍼는 원래 잔악한 개 머리 종족이었으나 아기 예수를 만난 후 세례를 받고 기독교인이 되어 성자로 추앙받게 된 키노케팔로이족 최초의 성자라고 전해집니다.

이러한 기록에 대해 학자들은 '신화적인 이야기'일 뿐이라고 일축했으나, 흥미로운 사실은 중세 후기까지 이탈리아 베르첼리의 한 교회에 '성 크리스토퍼의 이빨'이라고 불리는 한 짐승의 거대한 이빨이 보관되어 왔다는 것입니다.

유럽 전역에서 순례자들이 이 이빨을 보기 위해 몰려왔으며, 중세 스페인의 인문학자 후안 루이스 비베스는 성 크리스토퍼의 이빨을 직접 보고 "어금니의 크기가 아이의 주먹만 했다"라는 후문을 남기기도 했죠.

결국 18세기 말, 교회는 이 이빨을 성유물 리스트에서 제외하고 숭배를 금지시켰으며 이후 자취를 감추고 말았습니다. 과연 '성 크리스토퍼의 이빨'에 감춰야 했던 비밀은 무엇이었을까요?

일부 학자들은 키노케팔로이에 대한 기록이 고대 이집트의 아누비스 신(Anubis)을 거쳐 중세 유럽의 늑대인간(Werewolf) 전설에까지 영향을 미쳤다고 주장합니다.

수천 년간 고대 문헌과 중세 탐험가, 그리고 종교의 영역까지 영향을 미친 키노케팔로이는 단순히 외딴 섬에 살던 기이한 전통을 가진 부족민의 오해였을까요, 아니면 이 모든 신화와 전설의 기원이 되는 미지의 실존 인류종이었을까요? 진실은 아직 고대 기록 속에 잠들어 있습니다.

성 크리스토퍼

# 1902년 프랑스 파리, 시간 정지 미스터리

## 미지의 힘, 멈춰 버린 진자

### 벨 에포크 중심에서 발생한 이상 현상

1902년 12월 30일 새벽 1시 5분, 유럽의 아름다운 시절 '벨 에포크 (Belle Époque)'의 중심지 프랑스 파리 시민들은 일제히 묘한 위화감을 느꼈습니다. 잠에서 깬 이들도, 연말 파티를 즐기던 이들도 곧 깨달았죠. 사방이 거짓말처럼 고요하다는 것을요. 늘 리듬처럼 울려 퍼지던 시계의 똑딱거리는 소리조차 들리지 않았습니다.

당시 파리는 1900년 만국 박람회를 개최하며 디젤 엔진, 유성 영화 등 혁신적인 신문물을 5천만 명에 달하는 관람객에게 선보였

 기묘한 세계사의 미스터리

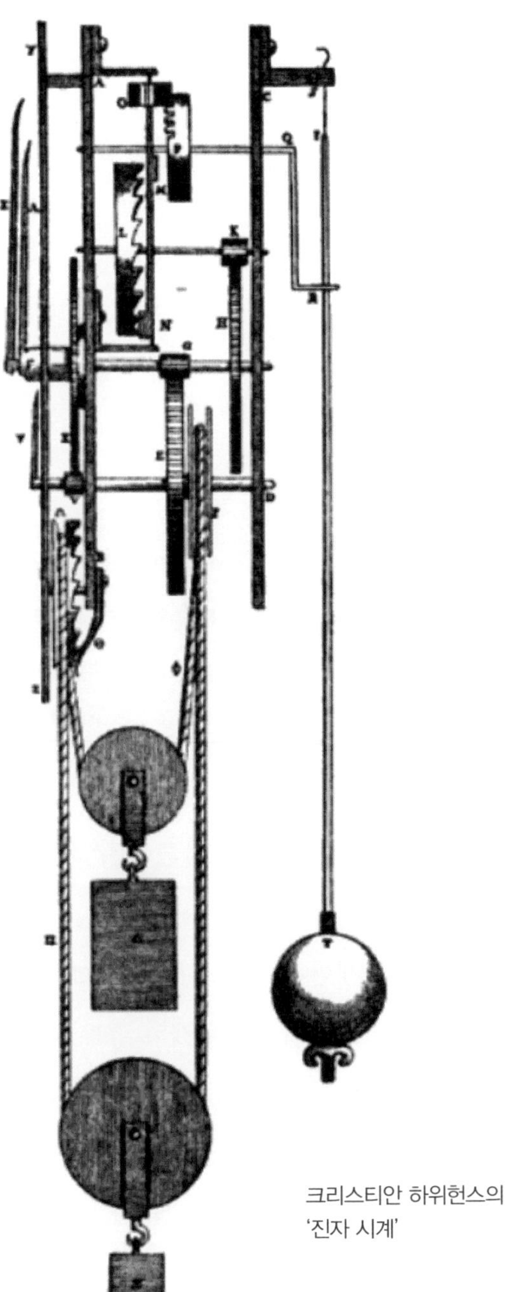

크리스티안 하위헌스의
'진자 시계'

고, 과학과 기술에 대한 낙관론이 사회 전반을 지배하고 있었습니다. 뿐만 아니라 전 세계 28개국이 참가한 제2회 파리 올림픽을 개최하는 등 최전성기를 구가하고 있었죠.

사람들은 과학이 모든 문제를 해결해 줄 거라 믿었지만, 그 믿음은 누구도 예상치 못한 '시간의 혼란'이라는 형태로 뒤흔들리게 됩니다. 이 혼란의 핵심에는 진자 시계가 있었습니다.

17세기 네덜란드의 과학자 크리스티안 하위헌스가 갈릴레오 갈릴레이의 '진자의 등시성' 원리를 이용해 발명한 진자 시계는 당시 세계에서 가장 정확한 시계였으며, 산업혁명 시대의 정밀한 시간 관리에 필수적이었는데요. 파리 전역의 건물과 가정에 보급되어 있었고, 그 규칙적인 소리는 일상의 배경 음악과 같았죠.


## 새벽 1시 5분에 멈춘 지구의 심장

✦

1902년 12월 30일 새벽 1시 5분, 파리 전역에서 기이한 현상이 발생했습니다. 모든 진자 시계가 일제히 멈춰 버렸죠. 파티를 즐기던 사람들은 갑작스러운 정적에 당황했고, 숙면을 취하던 시민들은 느닷없는 현기증과 메스꺼움, 탈력감을 느끼며 잠에서 깼습니다. 습관처럼 시계를 확인했을 때, 단순히 시계 하나가 고장 난 게

    기묘한 세계사의 미스터리

아니라 파리 전체의 시간이 멈췄음을 깨달았습니다.

더욱 충격적인 사실은, 태엽이나 기타 방식으로 작동하는 시계는 멀쩡히 움직이고 있었다는 것인데요. 멈춘 것은 시계가 아니라 '진자(pendulum)'였죠. 그리고 이 기묘한 현상에는 예외가 없었습니다.

프랑스의 국립묘지 팡테옹에는 과학자 장 베르나르 레옹 푸코가 지구의 자전을 증명하고자 설치한 '푸코의 진자'가 있습니다.

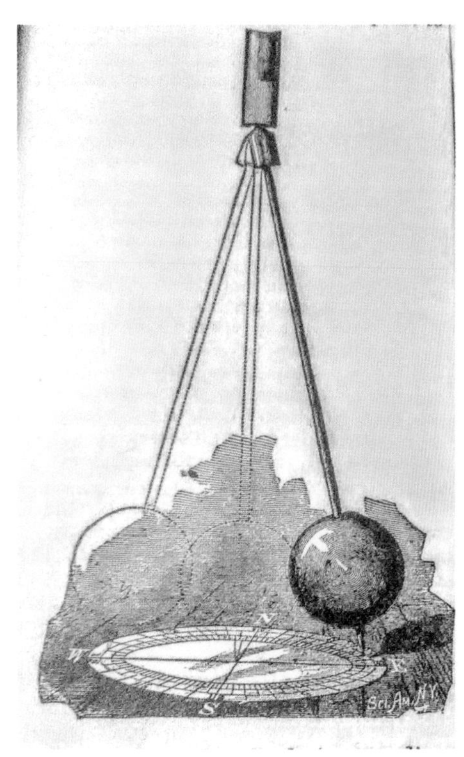

장 베르나르 레옹 푸코의
'푸코의 진자'

67미터 실에 매달린 28킬로그램의 추가 서른두 시간을 주기로 회전하며 끊임없이 운동을 계속하던 이 거대한 진자마저도 거짓말처럼 1시 5분에 정지해 있었죠. 지구의 자전이 멈춰 버린 듯한 기괴한 상황이었습니다.

다행히 이 현상은 그리 오래가지 않았습니다. 몇 분 혹은 몇십 분 후 진자들은 천천히 다시 움직이기 시작했고 일상은 돌아왔죠. 하지만 파리 시민들의 충격과 공포는 쉬이 가시지 않았습니다.

수많은 사람이 동시에 현기증과 메스꺼움을 느꼈다는 사실은 이 현상이 단순한 기계적 고장이 아닌, 파리 전체를 덮친 미지의 힘이었음을 시사했습니다.

## 풀리지 않는 가설들, 과학적 설명의 한계

과학 기술에 대한 낙관으로 가득했던 당시 사회에서 이 정체불명의 현상을 해명하려는 수많은 가설이 등장한 것은 당연했습니다.

지진 가설의 경우, 경미한 지진으로 인한 지각판의 흔들림이 진자 운동을 방해했다는 주장이었는데 반론으로 당시 파리는 물론 프랑스 전역에서 지진이 발생했다는 기록이 전혀 없었습니다.

지구 자전 변화 가설의 경우, 지구 자전의 일시적인 변화가 진자

 기묘한 세계사의 미스터리

들을 정지시켰다는 주장이었는데 반론으로 지구의 자전축이 일시
적으로 변했다면 단순한 진자 정지를 넘어 대규모 자연재해를 불
러왔을 게 분명하지만 특기할 만한 재해는 없었습니다.

자기장 교란 가설의 경우, 강렬한 태양 플레어(solar flare)가 지구
의 자기장을 뒤흔들었거나 '타임 스톰(Time Storm)'이라 불리는 희
귀 대기 현상이 발생했다는 주장이었는데 반론으로 현상 발생 직
후 다수의 사람이 동시에 느꼈던 신체적 증상(현기증, 메스꺼움)을
명쾌하게 설명하지 못했죠.

외계인의 소행이라는 음모론적인 주장까지 나왔지만 그 무엇도
1902년 파리에서 벌어진 괴현상을 명쾌히 풀지 못했습니다.

## 허구인가 예언인가, H. G. 웰스의 소설과 기록 소실

✦

오랜 시간이 흐른 현대에 들어서도 미스터리는 풀리지 않았습니
다. 21세기에 들어서는 전혀 다른 방향의 가설이 등장했는데요.

이 사건은 허버트 조지 웰스의 단편소설 「기적을 행할 수 있는 남
자(The Man Who Could Work Miracles)」를 바탕으로 창조된 허구
의 사건이며, 따라서 미스터리는 존재하지 않는다.

소설 「기적을 행할 수 있는 남자」는 어느 날 신과 같은 마법의 힘을 얻게 된 남자가 성직자의 조언을 듣고 지구를 멈춰 밤이 오지 않게 만드는 명장면을 담고 있습니다. 이 가설을 주장하는 사람들은 '커다란 사건이 발생했음에도 불구하고 남아 있는 기록들이 거

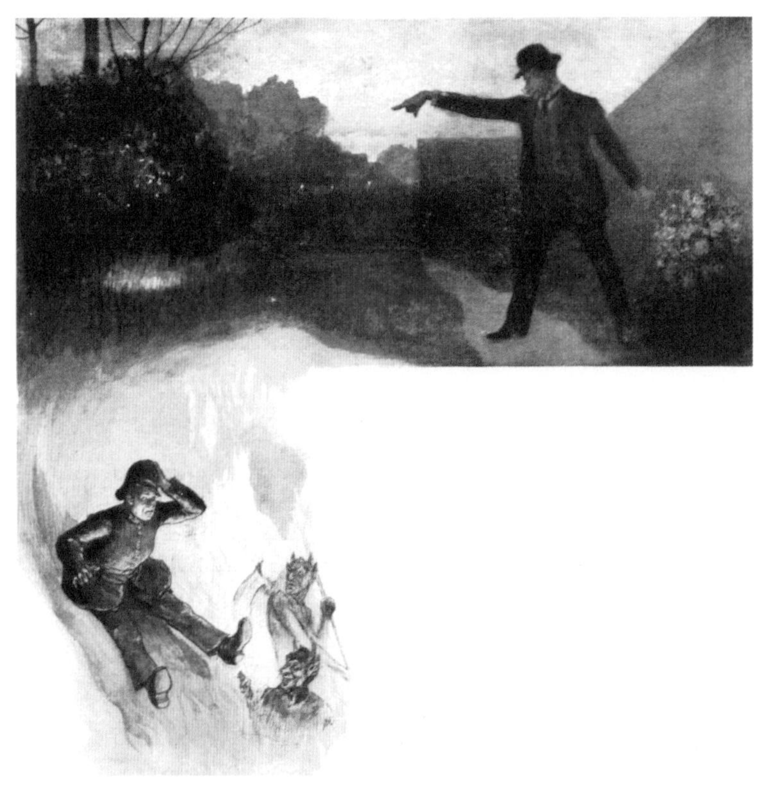

허버트 조지 웰스의 단편소설
「기적을 행할 수 있는 남자」 속 일러스트

      기묘한 세계사의 미스터리

의 존재하지 않는다'라는 점을 근거로 들었죠.

하지만 이 역시 쉽게 단정할 수 없습니다. 찬란했던 벨 에포크 시대 이후 프랑스를 비롯한 유럽은 두 번의 세계대전을 겪으며 수많은 문화재와 기록들이 전쟁의 화마 속에 소실되었는데요.

1902년 '파리 시간 정지 사건'의 진실 역시 그 과정에서 종적을 감췄을 수 있습니다. 결국 이 사건은 실제로 존재한 미스터리인지, 과학적 상상력이 낳은 허구의 전설인지조차 알 수 없게 되었죠.

허버트 조지 웰스가 원자폭탄 발명 31년 전에 이미 그 원리를 소설 『해방된 세계(The World Set Free)』에서 제안했던 것처럼, 이 '시간 정지' 역시 단순한 허구가 아닌 미래 과학의 어떤 현상에 대한 예언적 기록이었던 것은 아닐까요?

1902년 12월 30일 1시 5분에 파리를 덮친 그 고요함의 진실은, 영원한 미궁 속에 남아 있습니다.

# 기묘한 세계사의
# 미스터리

**초판 1쇄 발행** 2026년 4월 20일
**초판 2쇄 발행** 2026년 4월 27일

**지은이** | 기묘한 밤
**펴낸곳** | 믹스커피
**펴낸이** | 오운영
**경영총괄** | 박종명
**기획편집** | 김형욱 최윤정 이광민
**디자인** | 이영재
**기획마케팅** | 문준영 김연아 박미애
**디지털콘텐츠** | 안태정
**등록번호** | 제2018-000146호(2018년 1월 23일)
**주소** | 04091 서울시 마포구 토정로 222 한국출판콘텐츠센터 319호 (신수동)
**전화** | (02)719-7735    **팩스** | (02)719-7736
**이메일** | onobooks2018@naver.com    **블로그** | blog.naver.com/onobooks2018

**값** | 22,000원
**ISBN** 979-11-7043-744-4  03900